Inhalt

In der Schule

Welche Aufgaben hat ein Klassenrat?

Das Foto beschreiben; Zusammenhänge zwischen der Frage und der unteren Abbildung herstellen

Der Klassenrat tagt

1 Schreibt eure Wünsche und Beschwerden eine Woche lang auf Zettel. Schreibt auch auf, was euch gefällt. Steckt die Zettel an die Pinnwand.

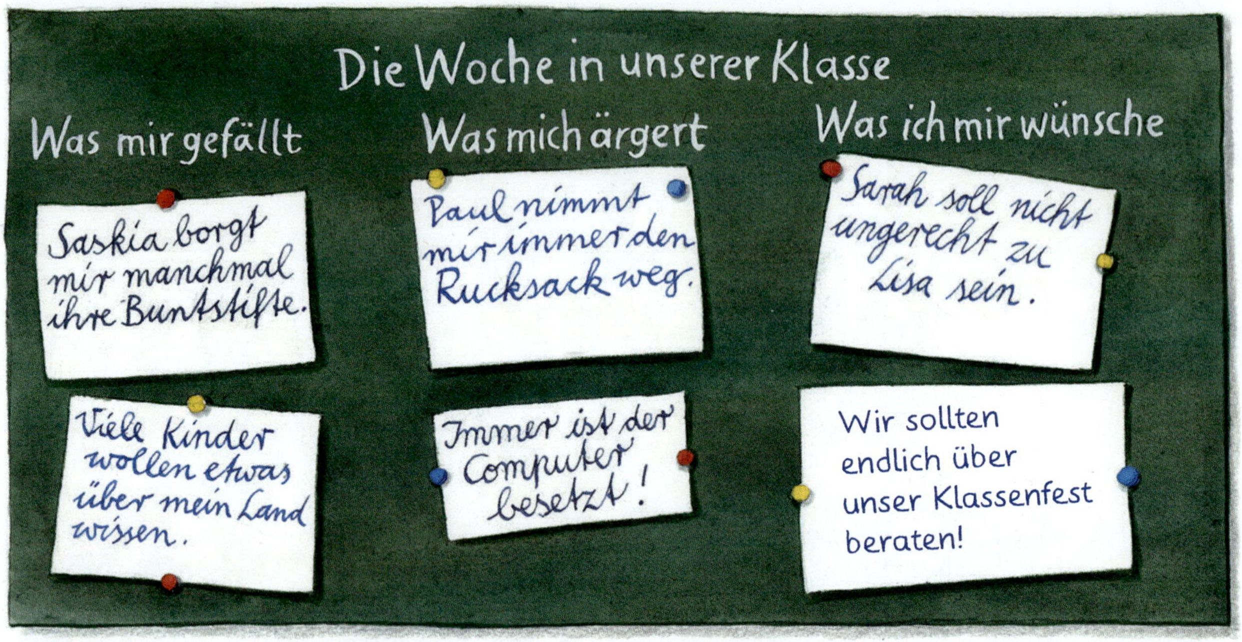

Am Ende des Monats tagt der Klassenrat.
Am Klassenrat nehmen alle Schülerinnen und Schüler der Klasse teil.
Begonnen wird mit einer „**Lobrunde**“.
Danach berät der Klassenrat zum Beispiel über gemeinsame Vorhaben, Probleme in der Klasse wie **Mobbing** oder Aufgaben der Klassendienste.
Jedes Thema ist gleich wichtig.
Alle kennen die Regeln für die Beratung:
sich melden, um etwas zu sagen, keinen beleidigen, ruhig zuhören und jeden ausreden lassen.
Alle können diskutieren. Es wird gemeinsam entschieden.

Demokratische Verhaltensweisen im Schulalltag kennenlernen: beteiligt werden und sich beteiligen; Pflichten und Verantwortung übernehmen, Entscheidungen treffen

Jeder kann seine Meinung sagen.
Am besten geht es mit der Fünf-Finger-Methode.

Viele Kinder melden sich daraufhin zu Wort.
Ein Kind schreibt das **Protokoll**.

Protokoll des Klassenrates vom 30.10.
Protokollant: Gero Hellmann

1. Überprüfen der Vereinbarungen aus dem Protokoll vom 30.9.
2. Ideen zum Thema Klassenfest
   a) In Gruppen Programm vorbereiten
   b) Gäste einladen
   c) Eltern sollen Spiele vorbereiten

Thema Klassenfest
heute
Abstimmung: 24 Kinder
- Vorschlag a) 19 Kinder ja
- Vorschlag b) 18 Kinder ja
- Vorschlag c) 3 Kinder ja, 20 Kinder nein

Beschluss: Vorbereitung des Programms in Gruppen, Fest mit Gästen

MITMACHEN UND NACHDENKEN

2 Besprecht, welche Aufgaben die Kinder im abgebildeten Klassenrat haben, zum Beispiel der Protokollschreiber.

3 Legt auch in eurer Klasse die Aufgaben im Klassenrat fest.

4 Lest das Protokoll. Was wurde diskutiert und beschlossen?

Jedes Kind hat Rechte

1 Das Bild zeigt, welche Rechte alle Kinder auf der Welt haben sollten.
Erzählt zu dem Bild.

Alle Menschen haben Rechte.
Recht bedeutet: Es steht dir etwas zu,
das dir nicht verweigert werden kann.
In der Erklärung der Menschenrechte
der Vereinten Nationen von 1948 heißt es:
„Alle Menschen sind gleich und frei. Sie sollen sich
in Freundschaft begegnen. Jeder hat das Recht
auf Leben, Freiheit und Sicherheit der Person."
Kinder brauchen noch zusätzlichen Schutz.
Deshalb beschlossen die Mitglieder der Vereinten
Nationen im Jahr 1989 das Übereinkommen
über die Rechte des Kindes. Das Übereinkommen
heißt auch: UN-Kinderrechtskonvention.
Das große Bild zeigt dir die beschlossenen Rechte
der Kinder aus dieser Konvention.

INTERESSANT

Im Jahr 1945 gründeten
50 Staaten einen Bund,
die Vereinten Nationen.
(Englisch: United Nations,
abgekürzt: UN).
Die Organisation setzt
sich für Frieden und Freiheit
auf der ganzen Welt ein.
Heute gehören über 200
Staaten der UN an – fast
alle Länder der Welt.

Kinderrechte heute erfassen;
Notwendigkeit der Beachtung von Kinderrechten hier und anderswo besprechen

Fast alle Staaten der Erde haben den Vertrag über die Rechte der Kinder unterzeichnet.
Doch noch immer werden täglich Rechte der Kinder verletzt.
Deshalb setzen sich viele Menschen für Kinder ein.
So gibt es das Kinderhilfswerk **UNICEF** (Englisch: **U**nited **N**ations **I**nternational **C**hildren`s **E**mergency **F**und). Es hilft Kindern und Müttern auch in Notsituationen.

unicef
für jedes Kind

MITMACHEN UND NACHDENKEN

2 Benenne alle Kinderrechte, die du im Bild entdeckst.

3 Welches Recht ist dir besonders wichtig? Begründe deine Meinung.

4 Informiert euch im Internet über die Kinderrechte, zum Beispiel unter fragFINN.de, Helles-Koepfchen.de oder hanisauland.de.

Lernen ist ein Kinderrecht

1 Lies den Text.
Schreibe Stichwörter auf.
Besprecht, warum das Recht auf Bildung wichtig ist.

Jedes Kind in unserem Land hat das Recht und auch die Pflicht, in die Schule zu gehen. Es gilt die allgemeine Schulpflicht. Das bedeutet, dass alle Kinder ab einem bestimmten Alter eine bestimmte Zeit lang zur Schule gehen müssen. Das war früher nicht so, denn diese Schulpflicht gibt es für ganz Deutschland erst seit etwa 100 Jahren. Zuvor mussten Kinder nicht zur Schule gehen. Aber es gab schon Schulen und auch Privatlehrer. Viele Menschen lernten aber nur voneinander. Die armen Leute konnten oft nicht lesen, schreiben und rechnen.

Stell dir vor, du würdest das nicht können. Was wäre für dich dann nicht möglich? Das sagen Schülerinnen und Schüler einer 3. Klasse über das Lernen.

LEICHTER LERNEN

Stichwörter aufschreiben

- Schreibe dir wichtige Wörter aus dem Text auf.
- Du kannst diese Stichwörter nutzen, um Fragen zu beantworten oder den Text zusammenzufassen.

INTERESSANT

Das Recht auf Bildung bedeutet:

- Jedes Kind muss die Möglichkeit haben, eine Schule zu besuchen.
- Der Besuch der Schule darf nichts kosten. In den staatlichen Schulen in Deutschland bezahlen die Eltern kein Geld. Es gibt aber auch Privatschulen. Hier zahlen die Eltern Schulgeld.
- Die Kinder müssen in den Schulen gleich behandelt werden.
- Lehrer und Schüler gehen achtungsvoll miteinander um.

Lernen hilft dir, die Welt um dich herum zu verstehen. Du lernst, über Dinge nachzudenken. Mit deinem Wissen und Können machst du dich selbst stark.

Kinderrechte früher und heute erfassen; Kinderrechte einfordern und in der Schule, in der Kommune und im Land umsetzen

AH S.4/5

Die Beispiele zeigen, wie das Recht auf Bildung in anderen Ländern umgesetzt wird.

Indien – Asien

Viele Kinder in Indien können nicht lesen und schreiben. Dafür gibt es mehrere Gründe, zum Beispiel fehlendes Lernmaterial. Um allen Kindern das Recht auf Bildung zu sichern, beschloss die Regierung: Alle Schulkinder sollen einen Computer oder ein Tablet und kostenlosen Zugang zu ihrem Lernstoff bekommen. Indien ist das erste Land, das Kindern einen solchen Zugang ermöglichen will.

Angola – Afrika

In Angola herrschte fast 30 Jahre Krieg. Viele Menschen lernten nicht Lesen und Schreiben. Jetzt sollen alle Kinder mindestens sechs Jahre eine Schule besuchen. Nuria geht in eine **Dorfschule**. Es gibt kaum Arbeitsmaterial. Nachmittags muss Nuria mit ihrer Mutter Wasser aus einer weit entfernten Wasserstelle holen, und die Jungen aus Nurias Klasse helfen auf den Feldern mit.

China – Asien

In China hat das Lernen eine große Bedeutung. Der Schulbesuch ist streng geregelt. In der Klasse von Chian sitzen 40 Schülerinnen und Schüler. In der Klasse ist es still. Die Kinder diskutieren kaum miteinander. Die Lehrkräfte sind streng. Die Kinder lernen viel auswendig.

MITMACHEN UND NACHDENKEN

2 Besprecht: Warum ist Lernen für euch wichtig?

3 Notiere, was du über das Recht auf Bildung aus den Texten erfahren hast.

4 Informiert euch über Schulen und Lernen in anderen Ländern der Welt. Gestaltet ein Plakat.

S. 2/3

Sich mutig für Kinderrechte einsetzen

1 Wähle Aufgaben aus. Forsche nach.

1 Malala-Tag am 12. Juli

Am 12. Juli 2013 hielt die damals 16-jährige Malala Yousafzai eine Rede vor den Vereinten Nationen.
Die Vereinten Nationen haben den Tag zum „Malala-Tag" erklärt.

Finde heraus: Wozu rief Malala auf? Nutze das Internet.

2 Was meint ihr dazu?

Was meint ihr dazu?
Begründet eure Antwort.

3 Aktionsidee „Kinderrechte"

So könnt ihr die Kinder eurer Klasse oder Schule zur Aktion ,,Kinderrechte" anregen.

- Ein großes Plakat mit Bildern und Texten zu Kinderrechten aushängen.

- Eine Tafel aufstellen und Kinder bitten, aufzuschreiben, welche Rechte sie sich wünschen.

- Einen Baum mit euren Wünschen für alle Kinder der Welt schmücken.

Tipp: Ein günstiger Zeitpunkt für die Aktion ist die Zeit zwischen dem Weltkindertag (20. September) und dem Geburtstag der Kinderrechtskonvention (20. November).

Biografien (z.B. Kinder, Verfechterinnen und Verfechter für Kinderrechte) kennenlernen; Kinderrechte in der Schule einfordern und umsetzen

AH S.4/5

Medien nutzen

Wie gehen wir richtig mit Medien um?

Das Foto beschreiben; Zusammenhänge zwischen der Frage und der unteren Abbildung herstellen

Medien bewerten und gestalten

Es gibt verschiedene Medien. Sie geben durch Schrift, Bild oder Ton Informationen an uns weiter. Mit ihrer Hilfe können wir uns miteinander verständigen.

Die meisten Kinder finden Medien toll:
Sie lernen und spielen mit Medien und tauschen sich mit anderen Kindern aus.
Experten raten: Wer Medien nutzt, der sollte bedenken, dass sie uns nutzen, aber auch schaden können.

INTERESSANT

Wichtige Medien sind:
- Internet
- Fernseher
- CD/DVD
- Computer
- Tablet-PC
- Radio
- Film
- Smartphone
- Buch
- Spielkonsole
- Zeitung
- MP3-Player
- Kamera

1 Lies die Meinungen der Kinder.

Wähle ein Medium aus. Suche die beiden Meinungen dazu.
Begründe sie mit deinen eigenen **Argumenten**.
Lege dazu eine solche Tabelle an.

Fernsehen ist toll	Viel fernsehen ist schädlich
Ich kann viel lachen. Ich erfahre viel über Tiere. ...	Ich gehe zu spät ins Bett. Ich spiele kaum noch draußen. ...

2 Wähle zusammen mit einem Partner ein weiteres Medium aus.
Der eine nennt dann die Vorteile,
der andere die Nachteile des Mediums.

Wirkung von Medien beschreiben und vergleichen; den eigenen Medienkonsum überdenken, über Nutzen und Gefahren reflektieren

In euer Klasse gibt es viele besondere Ereignisse: Wandertage, Theaterbesuche, Sportfeste, Projekte ... Auch Erfolge und Schwierigkeiten erlebt ihr gemeinsam. Medien helfen euch, dies alles für euch selbst und andere festzuhalten.

MITMACHEN UND NACHDENKEN

3 Welche der abgebildeten Medien sind für eine Dokumentation von Ereignissen in der Klasse besonders geeignet? Begründe.

4 Legt für die Klasse ein Tagebuch an. Beratet über die Inhalte im Klassenrat. Gestaltet es abwechselnd.

LEICHTER LERNEN

Einen schönen Arbeitsort einrichten

- Lege vor der Arbeit die notwendigen Arbeitsmittel bereit.
- Halte Ordnung beim Schreiben und Gestalten des Klassentagebuchs oder deiner Hausaufgaben.
- Richte deinen Lernort so ein, dass du dich dort wohlfühlst und ruhig arbeiten kannst.

Im Internet Informationen suchen

1 Verfolge diesen Weg im Internet.

Schritt 1: Was will ich wissen?
- Wie kann ich meinen Führerschein für das Internet machen?

Schritt 2: Wie finde ich etwas im Internet?
- Du kannst direkt eine Internetadresse eingeben.
- Oder du nutzt eine Suchmaschine für Kinder:
  Starte das Internetprogramm des Computers.
  Gib den Namen einer Suchmaschine für Kinder ein.
  Drücke die Eingabetaste.

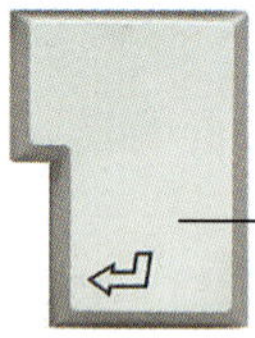

INTERESSANT

Diese Suchmaschinen sind extra für Kinder:
www.blinde-kuh.de
www.fragfinn.de
www.helles-koepfchen.de
www.kindernetz.de

Schritt 3: Welche Suchwörter gebe ich ein?
- Du wählst aus deiner Frage die wichtigsten Wörter aus:
  Internet Führerschein
- Du gibst diese Suchwörter ein und klickst auf „Los!".

BEACHTE: JEDER KANN INFORMATIONEN INS INTERNET STELLEN, OB RICHTIG ODER FALSCH.

Schritt 4: Wie gehe ich mit den Suchergebnissen um?
Die Suchmaschine zeigt alle Ergebnisse an, in denen die Wörter „Internet“ und „Führerschein“ vorkommen. Die besten Treffer stehen in der Liste ganz oben.

Dein Suchergebnis zum Thema: Internet Führerschein

Surfschein | Internet-ABC
Mit dem Surfschein des **Internet**-ABC können Kinder ihr Wissen rund um das **Internet** testen. Den **Führerschein** für das Netz gibt es als Quiz udn als ...
https://www.**internet**-abc.de/kinder/lernen-schule/surfschein/

Internet-ABC: Startseite
vor 4 Tagen ... Teste dein Wissen über das **Internet** mit dem Surfschein des **Internet**-ABC! Hol dir den "**Führerschein** fürs **Internet**" – mit dem Surfschein-Quiz ...
https://www.**internet**-abc.de/

Surfschein | Internet-ABC
Wer am Ende ausreichend Fragen r
hat, kann sich den **Führerschein** für
eignet sich ...
https://www.**internet**-abc.de/lehrkr

- Du wählst aus der Liste mit Internetseiten ein Suchergebnis aus und klickst es an.
- Wenn die Seite erscheint, prüfe: Beantworten die Informationen meine Frage?
- Reichen die Informationen nicht aus, gehst du zurück und wählst ein anderes Suchergebnis aus.

Schritt 5: Wie werte ich die Informationen aus?

- Die Informationen müssen deine Frage beantworten. Du kannst dir interessante Informationen ausdrucken.

MITMACHEN UND NACHDENKEN

2 Suche selbst Informationen zu einem Thema. Nutze die Kindersuchmaschinen.

PRÜFE, WOHER INFORMATIONEN KOMMEN. LIES AUCH IN SACHBÜCHERN NACH ODER FRAGE EXPERTEN.

Medien auswählen

1 Wähle Aufgaben aus. Forsche nach.

1 Deine Medien

Benenne die abgebildeten Medien.
Notiere: Welche nutzt du häufig? Wofür nutzt du sie?

2 Das richtige Medium wählen

Nicht jedes Medium ist geeignet, um eine bestimmte Information zu finden.

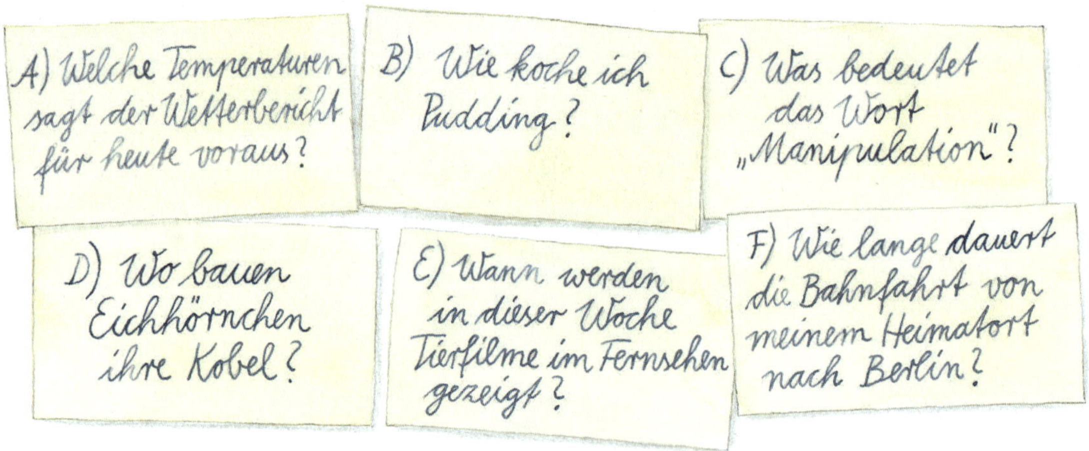

Arbeitet in Gruppen:
Welche Medien eignen sich, um diese Fragen zu beantworten?
Schreibt die Medien auf. Begründet die Auswahl.

3 Ein Tag ohne Medien

Verzichte einen Tag auf die Nutzung von Medien, die Strom brauchen.
Berichte hinterher: Was war anders als an „normalen“ Tagen?
Würdest du den Selbstversuch wiederholen?

Mediennutzung kritisch beschreiben; Möglichkeiten des Medienangebotes erkennen und anwenden; Medienverzicht und Auswirkungen kritisch reflektieren

AH S.6/7

Miteinander leben

Wie leben Familien hier und in anderen Ländern?

Zusammenleben: Mutter · Vater · Eltern · Tochter · Sohn
Lebenspartner
Alleinerziehende · Ehepaar · Lebenspartnerin
Lebensgemeinschaft …

Das Foto beschreiben; Zusammenhänge zwischen der Frage und der unteren Abbildung herstellen

Familie ist …

Kinder leben in unterschiedlichen Familien: mit Mutter und Vater, mit einem Elternteil, bei Pflegeeltern, mit den Großeltern, mit zwei Müttern oder zwei Vätern …

1 Jede Familie ist anders und dadurch einmalig. Tauscht euch zum Schaubild aus.

INTERESSANT

Manche Eltern kommen aus verschiedenen Ländern. Wenn beide von Beginn an in ihrer Sprache mit ihrem Kind reden, lernt es beide Sprachen mühelos. Man sagt, es wächst mehrsprachig auf.

FAMILIE: GERECHTIGKEIT · VERTRAUEN HABEN · VERANTWORTUNG ÜBERNEHMEN

Zusammensetzung von Familien (homo- und heterosexuelle Lebensformen) und deren Herkunft begreifen

In jeder Familie gelten **Regeln** für Kinder und Erwachsene.
Alle sollen sich aufeinander verlassen können und die Wünsche der anderen Familienmitglieder anerkennen.

MITMACHEN UND NACHDENKEN

2 Was macht deine Familie einzigartig?

3 Was trägst du zu einem schönen Zusammenleben in deiner Familie bei?

4 Wähle eine Familie aus dem Schaubild aus.
Schreibe auf, wie du dir einen Tag in dieser Familie vorstellst.

VERSTÄNDNIS HABEN · LIEBE ERFAHREN UND GEBEN · KONFLIKTE LÖSEN

Familien in ihrer Einzigartigkeit beschreiben und begreifen;
über Formen des Zusammenlebens philosophieren

AH S.10/11

Familien feiern Feste

Jeder Mensch lebt in seiner Familie nach bestimmten Regeln und Vorstellungen. Das Leben in der Familie wird aber auch durch **Traditionen** bestimmt. Menschen sprechen unterschiedliche Sprachen und feiern besondere Feste. Sie spielen ihre Musik mit eigenen Instrumenten und kochen Essen nach Rezepten, die sie von ihren Eltern kennen. Heute leben viele Menschen mit ausländischen Wurzeln bei uns. Sie bringen ihre Kulturen und **Religionen** mit nach Deutschland und lernen unsere **Kultur** kennen. In allen Familien werden Feste gefeiert.

1 Welche besonderen Feste feiern die Kinder?

Adam

An meinem Namenstag bekomme ich viele Geschenke. Wir feiern den Tag ähnlich wie einen Geburtstag.

Ella, Hannah, Victor ...

Unsere ganze Familie trifft sich jedes Jahr am ersten Wochenende im Juni zu einem Gartenfest. Wir sind fast 40 Leute.

Mia-Anouk

In Indien feiern wir das Holi-Fest. Es ist ein Frühlingsfest und ein Fest der Farben. Kinder und Erwachsene besprengen sich mit gefärbtem Wasser und bestreuen sich mit buntem Puder. Die Farben sind ein Symbol für den Sieg des Frühlings über den Winter und den Sieg des Guten über das Böse.

Xiaomeng

Unser chinesisches Neujahrsfest dauert 15 Tage. Zuerst machen die Familien die Häuser sauber, um das Unglück des letzten Jahres zu vertreiben. Dann schmücken wir die Räume mit Pfirsichblüten. Es gibt ein großes Feuerwerk und wir Kinder bekommen Glücksgeld in roten Päckchen.

Bedeutung von Werten, Kulturen und Religionen für das Zusammenleben in Familien erfassen

Jede Religion hat ihre eigenen Feste, die in den Familien gefeiert werden.

Opferfest
Es ist das wichtigste islamische Fest und dauert vier Tage. Das Fest erinnert an den Propheten Ibrahim. Gläubige Muslime opfern ein Tier und verteilen das Fleisch an arme Menschen.

Weihnachten
Das ist ein christliches Fest. Christen feiern an diesem Tag die Geburt Jesu. Festtag ist der 25. Dezember. Die Feierlichkeiten beginnen aber schon am Vorabend, dem Heiligen Abend.

Fest Vesakh
Dieses Fest hat im Buddhismus eine große Bedeutung, denn es wird unter anderem die Geburt Buddhas gefeiert. Es ist ein fröhliches Fest mit Lichtern, Geschenken und Spenden für Arme. Es ist der Tag der guten Vorsätze und Taten.

Fest Chanukka – das Lichterfest
Das jüdische Fest erinnert an die Wiedereinweihung eines Tempels und dauert acht Tage. Dabei werden Kerzen an einem achtarmigen Leuchter angezündet. Es werden Gebete gesprochen, Lieder gesungen und es wird ein Spiel gespielt.

MITMACHEN UND NACHDENKEN

2 Welche besonderen Feste feiert ihr in der Familie?

3 Gehört deine Familie auch einer Religion an? Befrage deine Eltern.

Wie es früher war – Zeitzeugnisse

Wir können auf ganz unterschiedliche Weise von den Ereignissen erfahren, die vor wenigen Tagen, einigen Monaten oder vielen Jahren passiert sind.

1 Was erzählt dir dieses Bild?

Alles, was von vergangener Zeit berichtet, nennt man Zeitzeugnisse oder **historische Quellen**.
Durch sie erfahren wir, was früher passiert ist.
Es gibt Zeitzeugnisse, die man anfassen kann: ein altes Buch, ein Bügeleisen von früher, ein Haus …
Es gibt Zeitzeugnisse, die mündlich überliefert oder aufgeschrieben wurden: Briefe, Geschichten, Filme …
Es gibt auch Personen, die in einer bestimmten Zeit gelebt haben und darüber berichten können. Sie nennt man Zeitzeugen.

LEICHTER LERNEN

Die Älteren befragen

- Überlege dir Fragen, die du den Großeltern oder Urgroßeltern in deiner Familie stellen möchtest.
- Wähle die Fragen gut aus. So bekommst du viele Informationen.
- Schreibe deine Fragen auf.
- Notiere Stichpunkte zu den Antworten.

Historische Quellen als Dokumente aus vergangener Zeit kennenlernen;
Familien- und Lebensgeschichten durch Zeitzeugnisse erfahren und diskutieren

Aus der Familienschatzkiste

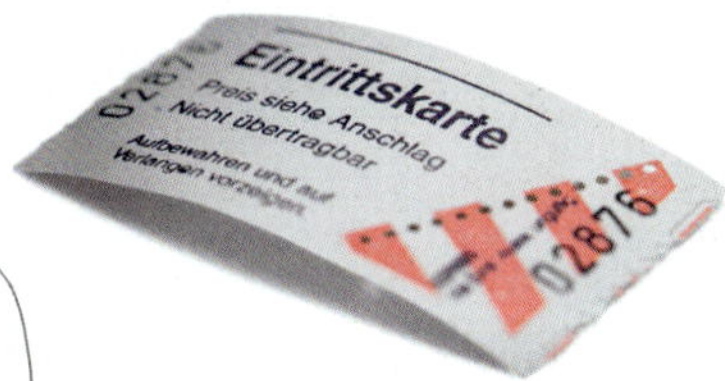

MITMACHEN UND NACHDENKEN

2 Sprecht in der Gruppe über diese Zeitzeugnisse. Woran erinnern sie?

3 Suche in deiner Familie nach Zeitzeugnissen. Stelle sie der Klasse vor.

4 Auch in deinem Ort gibt es viele Zeugnisse der Vergangenheit. Berichte, sammle, fotografiere, zeichne oder stelle Texte zusammen.

INTERESSANT

- Geschichtsforscher sammeln Informationen über das Leben von früher.
- Sie nennen dieses Material „**historische Quellen**“ oder Quellen für unser Wissen über die Vergangenheit.
- Das Wort „historia“ kommt aus der lateinischen Sprache und bedeutet „Geschichte“.

Historische Quellen, wie Fotos und Zeugnisse, als Dokumentation von Familiengeschichte begreifen; individuelle Zeugnisse aus der eigenen Familiengeschichte präsentieren

S. 2/3

Aus anderen Ländern und Familien

1 Wähle Aufgaben aus. Forsche nach.

1 Ein Sprichwort erklären

Versucht, das **Sprichwort** *„Andere Länder – andere Sitten“* an Beispielen zu erklären.

2 Das mögen wir: Essen aus verschiedenen Ländern

Was erzählt euch dieses Bild?

Ergänzt das Bild durch eigene Beispiele.
Wir mögen Pizza aus …

3 Wie war es früher?

Befrage deine Großeltern oder andere Personen über ihre Kindheit.

- Wie war es in der Schule?
- Was hast du in der Freizeit unternommen?
- Wie war das Leben in eurer Familie?
- Gab es schon … ?

Bedeutung von Werten, Kulturen und Religionen für das Zusammenleben in Familien erfassen; Biografien kennenlernen; Kinderleben früher in Ansätzen verstehen lernen

Wie wir und andere wohnen

Warum wohnen wir in verschiedenen Häusern?

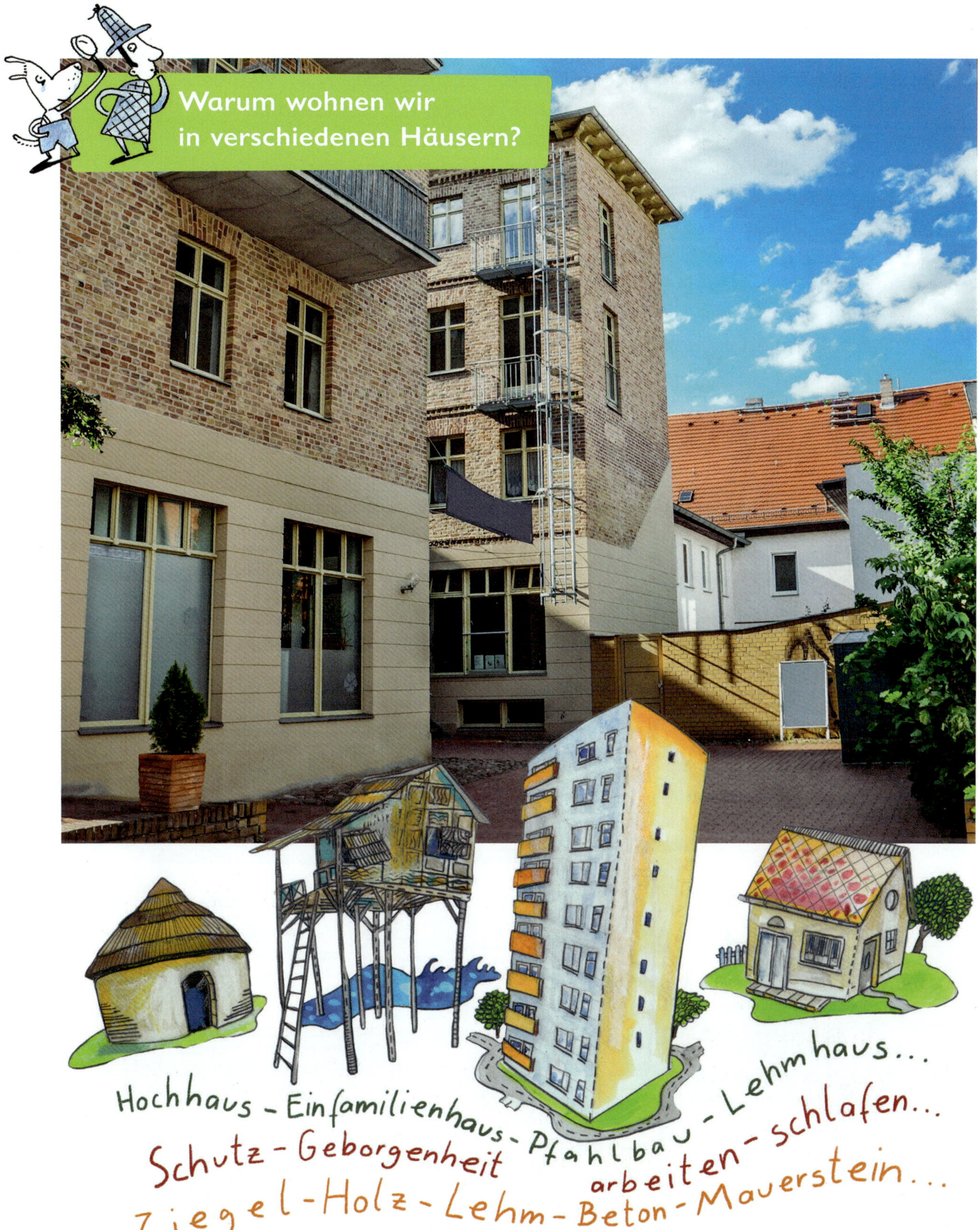

Das Foto beschreiben; Zusammenhänge zwischen der Frage und der unteren Abbildung herstellen

S. 5

Haus und Wohnung

1 Lies den Text. Betrachte das Bild.
Welche Dinge, die im Text genannt werden, erkennst du wieder?

Das Haus oder eine Wohnung im Haus bieten uns mit den festen Wänden und dem Dach Schutz vor Wind, Regen und Schnee, Hitze und Kälte. Weil man es abschließen kann, schützt ein Haus auch vor wilden Tieren und Dieben. Aber ein Haus kann noch mehr: Fenster und Türen lassen Licht und Luft in die Räume. Mithilfe von Wasserrohren gelangt sauberes Wasser hinein und verschmutztes Wasser hinaus, sodass wir im Haus baden oder duschen können. Elektrische Leitungen versorgen die Bewohner mit Strom. Sie können damit einen Herd oder eine Waschmaschine betreiben, fernsehen und abends das Licht einschalten. Wenn es draußen kalt ist, sorgt eine Heizung für Wärme.

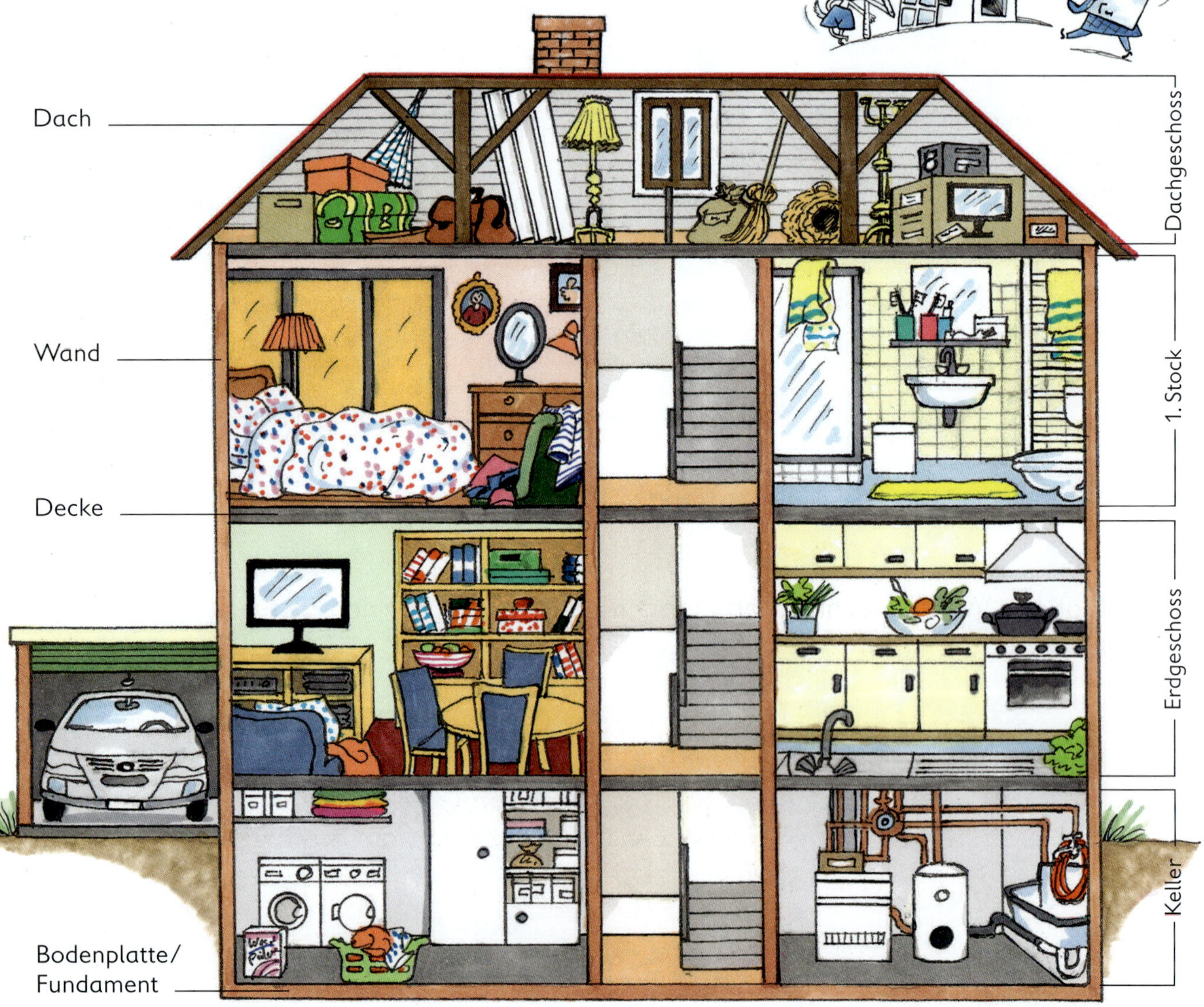

Haus und Wohnung als Orte des Zusammenlebens von Familien begreifen: Aussehen, Raumangebote eines Hauses mithilfe eines Schaubildes erfassen

AH S.12/13

Die Wohnung oder das eigene Zimmer im Haus sind uns besonders wichtig. Hierhin können wir uns zurückziehen und ganz privat sein. Wir können hier unbesorgt schlafen, Gespräche führen, Dinge aufbewahren, die uns wichtig sind, und Sachen machen, die sonst niemanden etwas angehen.

Die Wohnung und das Wohnen werden bei uns vom Gesetz besonders geschützt.

Wie wohnen die Kinder der Erde?

Manches Kind wohnt auf dem Lande,
manches wohnt im zehnten Stock,
manches Kind wohnt nah beim Strande,
manches wohnt im Neubaublock.

Manches wohnt in einem Walde,
manches wohnt am Wüstenrand,
manches bei der Abfallhalde,
manches vor der Bergeswand.

Manches wohnt in einer Kammer,
manches wohnt in einem Schloss,
manches wohnt in Not und Jammer,
manches froh und sorgenlos.

Aber kommst du mich nun fragen,
wo die beste Wohnung ist,
kann ich's mit vier Worten sagen:
Wo du glücklich bist!

James Krüss

MITMACHEN UND NACHDENKEN

2 Notiere: Welche technischen Einrichtungen gibt es in einem Haus? Nutze den Text auf Seite 28 und ergänze.

3 Plant eine Umfrage zum Thema „Wohnen“ in der Klasse. Fragen können zum Beispiel sein:
- Möchtest du lieber in der Stadt oder auf dem Land wohnen?
- Was findest du besser: Einfamilienhaus oder Mehrfamilienhaus?

Diskutiert über die Ergebnisse.

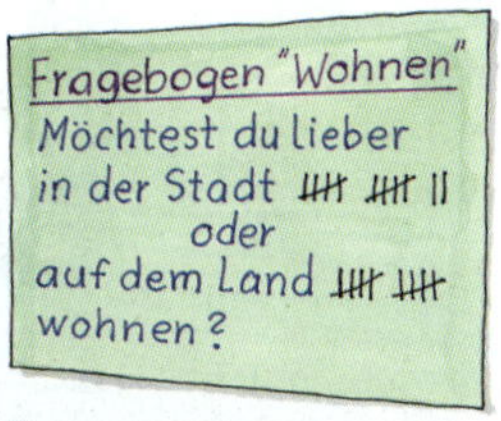

4 Diskutiert: „Ein Dach über dem Kopf“ – ist das eine Selbstverständlichkeit?

S. 4, S. 5

Ein Einfamilienhaus wird gebaut – der Rohbau

1 Wie wird ein Haus gebaut? Beschreibe den Hausbau zuerst mithilfe der Bilder. Lies dann die Texte.

Ein Bagger hebt die Baugrube aus. In der Baugrube werden Gräben gezogen und Rohre für das Abwasser verlegt. Danach wird das **Fundament** betoniert. Das ist notwendig, damit das Haus festen Halt auf dem Untergrund hat. Auf dem Fundament liegt die Bodenplatte des Hauses, die ebenfalls aus **Beton** gegossen wird.

INTERESSANT

Früher stammten die Baumaterialien, wie Steine, Holz, Lehm oder Stroh, meistens aus der Umgebung. Heute kann der Baustoff Beton an jedem Ort hergestellt werden. Der Transport von Holz und anderen Materialien ist einfacher und billiger geworden.

Die Maurer lesen vom **Bauplan** des **Architekten** ab, wohin die Mauern genau kommen sollen. Dann geht es los: Die Mauersteine werden gesetzt. Zwischen die Steine kommt entweder Kleber oder Mörtel. Der Klebstoff oder der Mörtel halten die Steine fest zusammen. Die Maurer prüfen mit einer **Wasserwaage**, ob die Wände gerade sind.

Dann bekommt das Erdgeschoss einen „Deckel“, die sogenannte Rohdecke. Fertig gegossene Betonplatten werden mithilfe eines großen Kranes auf das Erdgeschoss gelegt. Die Rohdecke ist gleichzeitig der Boden des Obergeschosses. Sie muss aber später noch bearbeitet werden.

Innen- und Außenwände stehen nun. Wenn der **Giebel** fertig ist, bauen die Zimmerleute den Dachstuhl aus Holzbalken. Zum Schluss hängen sie den Richtkranz auf, denn jetzt ist der Rohbau fertig. Das **Richtfest** kann gefeiert werden.

Die Dachdecker dichten das Dach mit Folie ab. Auf die Dachlatten am Dachstuhl legen sie die Dachpfannen. Die Außenwände bekommen eine Fassade. Das ist eine „Außenhaut“, die zum Beispiel aus Material zur Wärmedämmung und Klinkersteinen besteht. Andere Häuser erhalten einen Außenputz, der auch angestrichen werden kann.

Damit ist das Haus jedoch noch lange nicht fertig! Es fehlen noch Fenster, Türen, Treppen und auch der gesamte Innenausbau …

MITMACHEN UND NACHDENKEN

2 Am Rohbau sind viele Menschen beteiligt. Nenne die Berufe. Die Texte helfen dir.

Ein Einfamilienhaus wird gebaut – der Innenausbau

Die Wände stehen, das Dach ist gedeckt.
Doch damit ist das Haus noch lange nicht fertig!
Die Fenster, Türen und Treppen fehlen und
so richtig wohnen kann man in den Räume auch noch nicht.
Erst nach dem Innenausbau ist das Haus bezugsfertig.

1 Welche Arbeiten müssen beim Innenausbau erledigt werden?

Elektriker verlegen viele Meter Kabel und befestigen Steckdosen, Schalter und Lampen. Das alles verbinden sie mit dem Sicherungskasten.

Installateure verlegen Wasserleitungen und Abflussrohre. Sie bauen Bäder und Toiletten ein.

Heizungsbauer bauen die Heizungsanlage mit dem Heizkessel und den Heizkörpern ein.

Berufe rund um das Bauen und Wohnen benennen; technische Ausstattung mit der Funktion für das Wohnhaus in Verbindung bringen

Putzer oder Stuckateure tragen auf die Innenwände den Innenputz auf. So werden die Wände schön glatt.

Maler und Tapezierer tapezieren und streichen die verputzten Wände.

Fliesenleger verlegen Fließen und Fußbodenleger versehen die Böden mit Laminat, Dielen aus Holz oder Teppichböden.

MITMACHEN UND NACHDENKEN

2 Betrachte die Fotos und Bilder. Was entdeckst du?

3 Suche dir einen Beruf aus und informiere dich:
- Was tun die Handwerker?
- Mit welchen Materialien und Werkzeugen arbeiten sie?

Wir wohnen zusammen in einem Ort

In deinem Ort wohnen viele Menschen zusammen.
Sie leben in ganz unterschiedlichen Häusern.

1 Betrachte die Fotos. Beschreibe die verschiedenen Häuser.

Clara wohnt in einem alten Mehrfamilienhaus. Sie mag das Haus und die Wohnung ihrer Familie. Clara kennt alle Nachbarn. Ihre beste Freundin Luisa wohnt auch im Haus. So können die beiden oft miteinander spielen und lernen, auch an den Wochenenden.
Clara muss auf ihre Nachbarn im Haus Rücksicht nehmen.

Mehrfamilienhaus

Einfamilienhaus

Leon wohnt mit seinen Eltern und seinem Bruder Jakob in einem Einfamilienhaus. Jedes Kind hat ein eigenes großes Zimmer.
Leon findet es schade, dass alle seine Freunde so weit weg wohnen. So hat er niemanden zum Fußballspielen am Nachmittag. Sein Bruder findet Fußball nämlich doof.

Georgs Oma wohnt in einem Senioren-Heim. Dort hat sie ein Zimmer mit einer kleinen Küche. Wenn es Oma Anne nicht so gut geht, wird sie von den Mitarbeitern versorgt und gepflegt.
Alle Räume sind so gebaut, dass sich die Bewohner mit Rollstühlen und Rollatoren selbstständig darin bewegen können.
Darum gibt es keine Türschwellen und die besonders großen Türen öffnen sich per Knopfdruck.

Senioren-Heim

Die Bedeutung eines Zuhauses für jeden Einzelnen erkennen; verschiedene Wohnformen und ihre Bedeutung für die Menschen vergleichen

Luzi wohnt mit ihrem Vater und ihrer Schwester Lea seit drei Monaten in einem Hochhaus. Wenn sie in der 9. Etage auf ihrem Balkon steht, kann sie auf die Stadt und den See blicken. Im Haus wohnen viele Kinder. Manchmal trifft sie einige auf dem Spielplatz vor dem Haus. Was Luzi nicht mag: allein mit dem Fahrstuhl fahren.

Hochhaus

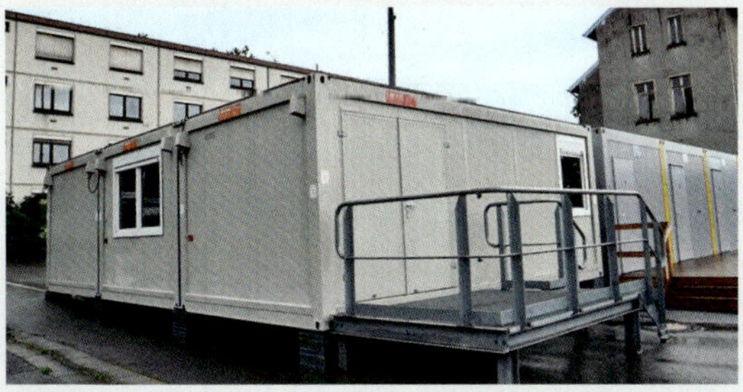

Unterkunft für Flüchtlinge

Amal aus Syrien lebt mit ihrer Familie in einer **Flüchtlingsunterkunft**. Die Bewohner teilen sich darin die Küche und die Bäder. Die Familie von Amal bewohnt ein Zimmer. Alle hoffen, dass sie bald in eine eigene Wohnung ziehen können.

Tim wohnt mit seiner Mutter in einem Mehrgenerationenhaus. Für die 25 Mietparteien gibt es einzelne Wohnungen und **Gemeinschaftsräume**. Die Mieter sind ganz verschieden: junge Familien mit Kindern, **Senioren**, **Singles**. Die Bewohner unternehmen viel gemeinsam. Jeder hat auch Pflichten für die Gemeinschaft zu erfüllen. Tim verteilt im Haus die Pakete, die die Post bei Herrn Horn abgibt.

Mehrgenerationenhaus

MITMACHEN UND NACHDENKEN

2 Vergleiche die Wohnformen. Vermute, welche Vorteile oder Nachteile das Wohnen in den verschiedenen Häusern hat.

3 Was bedeutet das Wort „obdachlos“?

Miteinander im Mehrfamilienhaus

1 Betrachte das Bild und lies die Texte in den Sprechblasen.
Welche Probleme können sich
beim Zusammenleben in diesem Haus ergeben?

Wohnen als enges Zusammenleben mit anderen im Hinblick auf Privatsphäre, Absprachen, Regeln und Miteinander begreifen

Hausordnung

- Gegenseitig Rücksicht nehmen
- Ruhezeiten einhalten
- Haustür schließen
- Treppenhaus abwechselnd reinigen
- Fahrräder nicht im Hausflur abstellen
- ...

Vielleicht kann ich ja in meinem Zimmer etwas kicken.

Pablo

Die Kleine ist heute ganz schön unruhig.

Herr Simon und Sofia

Wann müssen wir eigentlich die Treppe putzen? Ich vergesse das ständig.

Frau Lange und Paula

MITMACHEN UND NACHDENKEN

2 Besorgt euch eine Hausordnung oder eine Schulordnung. Welche Regeln enthalten sie?

3 Spielt die Situationen nach. Wer könnte mit wem ein Problem bekommen? Was wäre eine Lösung?

Bauen und wohnen

1 Wähle Aufgaben aus. Forsche nach.

1 Das Mauerwerk

Wie sieht ein Mauerwerk aus? Betrachte es.

Eher so?

Oder so?

Warum ist das so? Probiere mit eigenen Materialien aus.

2 Haus auf Stelzen

Schon vor über 6 000 Jahren wurden Pfahlbauten errichtet. Auch heute noch leben Menschen in solchen Gebäuden, zum Beispiel in Asien.

Was könnten die Gründe für diese Bauweise sein? Vermutet.

3 Haus der Zukunft

Wir befinden uns im Jahr 2111.
Du erhältst den Auftrag,
ein Haus zu entwerfen:

- Wie sieht es aus?
- Aus welchen Materialien besteht es?
- Was kann es?
- Was sind seine Besonderheiten?
- Nach welchen Regeln wohnen die Menschen in diesem Haus?

Schreibe deine Gedanken auf.
Tauscht euch aus.

Unterwegs in unserem Ort

Was möchte ich über meinen Ort erfahren?

Das Foto beschreiben; Zusammenhänge zwischen der Frage und der unteren Abbildung herstellen

S. 6/7

Sich orientieren – vom Modell zum Plan

1 Erkläre, wie aus einem Modell ein Plan entstehen kann. Betrachte das Beispiel zur Schulumgebung.

Ein Modell der Schulumgebung

Ein Plan der Schulumgebung

1 Das Modell in einen Karton stellen.

2 Eine durchsichtige Platte darüberlegen, von oben darauf schauen.

3 Auf die Platte Grundrisse und Straßen zeichnen.

Gebäude	Grünfläche, Bäume
Kirche	Spielplatz
Straße, Weg	Sportplatz
Parkplatz	Schulgarten

4 Eine Legende festlegen: Sie erklärt Zeichen und Farben auf dem Plan.

5 Den Plan nach der Legende ausmalen.

Ein Plan vom Ort

Ein Ortsplan zeigt nicht nur die Schulumgebung, sondern alle Straßen, Gebäude, Plätze und Grünanlagen eines Ortes. So erhält man einen guten Überblick und kann sich schnell orientieren. Für den Ortsplan gilt: Alle Straßen, Gebäude, Plätze und Grünanlagen sind vereinfacht, verkleinert und verebnet dargestellt. Um den Plan lesen zu können, werden alle Zeichen und Farben in der Legende erklärt.

Ausschnitt aus einem Ortsplan

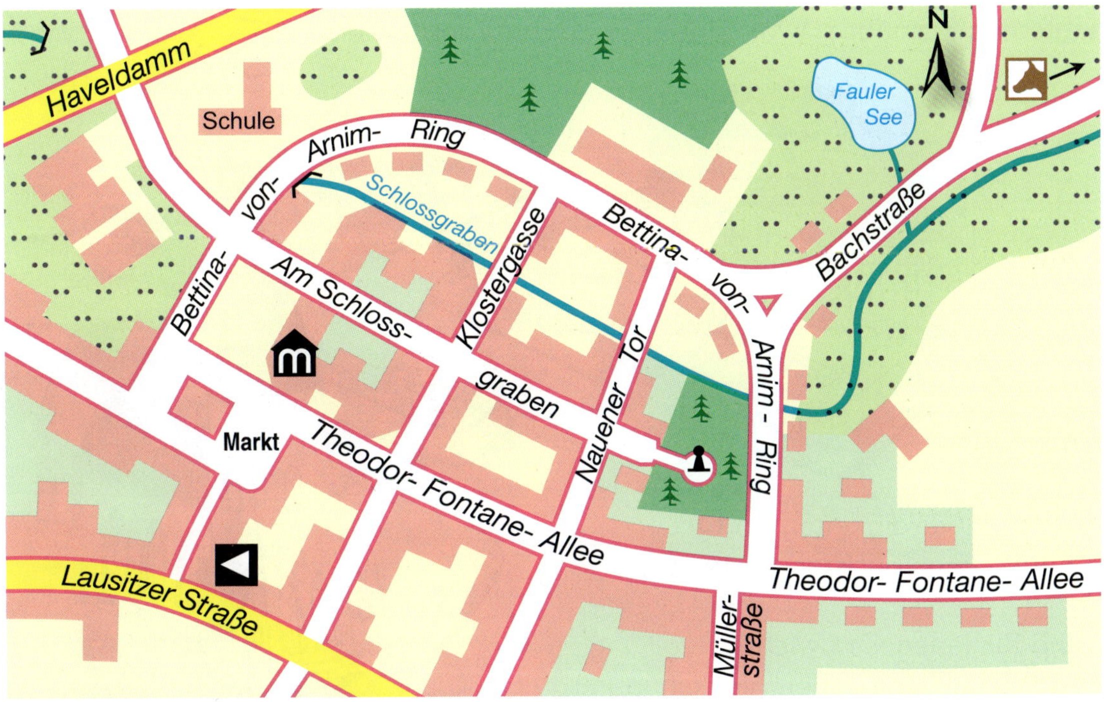

Legende

MITMACHEN UND NACHDENKEN

2 Findet auf dem Plan die Schule und das Denkmal.

3 Stellt euch weitere Fragen zum Ortsplan: Wo ist …? Wie komme ich …?

Meinen Ort erkunden

Im Ort leben viele Menschen zusammen.
Hier arbeiten sie in verschiedenen Berufen und kaufen ein.
Sie besuchen Kinos und Restaurants.
Aber auch **öffentliche Einrichtungen** wie das Rathaus oder der Sportplatz werden von den Menschen genutzt.
Viele Einwohner gestalten das Zusammenleben im Ort mit.
Alle sollen sich wohlfühlen.

1 Betrachte das Schaubild. Was gibt es im Ort zu entdecken?

Die Kirche oder ein Museum sind interessante Sehenswürdigkeiten im Ort. Sie werden häufig von Touristen besucht.

Geschäfte sind für jeden Ort wichtig. Einwohner und Besucher können hier einkaufen. Sie werden von den Mitarbeitern beim Einkauf beraten und bedient.

Im Rathaus arbeiten Menschen, die den Ort verwalten. Hier wird entschieden, was im Ort geschehen soll. Auch die Bürgermeisterin oder der Bürgermeister arbeiten im Rathaus.

Das Vorhandensein und Zusammenwirken verschiedener Einrichtungen (öffentliche Einrichtungen und Verkehrsmittel, Freizeitstätten und -möglichkeiten, Arbeitsstätten) in einem Ort begreifen

In der öffentlichen Bibliothek kann man sich verschiedene Medien ausleihen. Manche Einwohner kommen mit dem Auto oder den **öffentlichen Verkehrsmitteln** in das Stadtzentrum.

Die Polizeiwache ist eine öffentliche Einrichtung. Von hier aus führen Polizistinnen und Polizisten ihren Dienst durch. Hier können alle Menschen Hilfe suchen.

Vom Bahnhof aus fahren Züge oder Busse in andere Orte. Manchmal bringen Güterzüge auch Waren in den Ort, die in den Geschäften verkauft oder in Fabriken weiterverarbeitet werden.

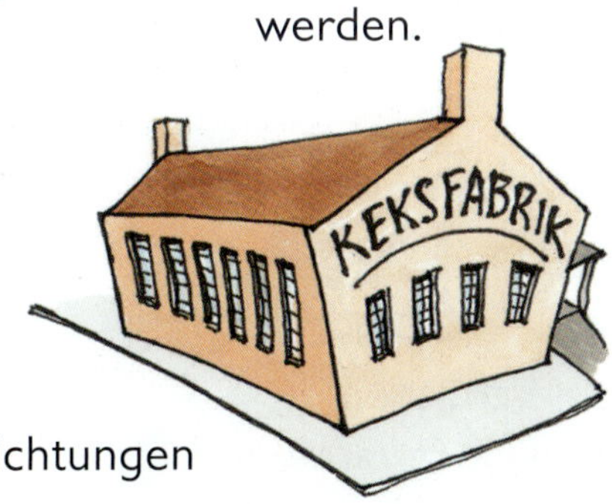

MITMACHEN UND NACHDENKEN

2 Welche interessanten Gebäude und öffentlichen Einrichtungen gibt es in deinem Ort? Zeichne oder beschreibe sie.

3 Bildet Gruppen. Wählt eine Einrichtung aus dem Bild aus.
- Warum ist sie für den Ort und die Menschen wichtig?
- Wer arbeitet in dieser Einrichtung?

Die Feuerwehr hilft

Feuer ist wichtig: Wir verwenden es zum Heizen, beim Kochen, in Motoren, zum Bearbeiten von Metall und für unsere Beleuchtung.

Manchmal gerät Feuer aber außer Kontrolle. Zum Beispiel durch Blitzeinschläge oder technische Fehler, aber auch durch Unachtsamkeit oder Leichtsinn. Dann können Häuser, Fabrikgebäude, Lagerhallen oder sogar ganze Orte und Waldflächen von einem Brand betroffen sein. Solche Brände sind lebensgefährlich! Sie verursachen große Schäden und können sich schnell ausbreiten.

Oft sind Brände schwer zu bekämpfen. Man braucht dazu gut ausgebildete Feuerwehrleute im Ort und eine spezielle Ausrüstung.

1 Welche Aufgaben hat die Feuerwehr? Beschreibe.

Die Aufgaben der Feuerwehr

Löschen
Die Feuerwehr löscht Brände.

Bergen
Die Feuerwehr holt Gegenstände, aber auch Tote, aus einem Gefahrenbereich.

Schützen
Die Feuerwehr schützt Menschen und Tiere vor Gefahren, zum Beispiel bei Überschwemmungen.

Retten
Die Feuerwehr rettet Menschen und Tiere in Not.

Die Bedeutung des Feuers (Wärme, Licht) und seine Gefahren erfassen;
die Aufgaben der Feuerwehr benennen

In Städten mit mehr als 100.000 Einwohnern gibt es eine Berufsfeuerwehr.
In kleineren Orten übernimmt diese Aufgabe die Freiwillige Feuerwehr.
Manche Unternehmen haben eine eigene **Werksfeuerwehr**.

Bei der Freiwilligen Feuerwehr arbeiten Männer und Frauen freiwillig und ehrenamtlich. Ehrenamtlich heißt: Sie wollen anderen Menschen helfen und bekommen kein Geld für ihre Tätigkeit. Wenn sie nicht im Einsatz sind, arbeiten sie in anderen Berufen.

Die Feuerwehr ist im Feuerwehrhaus untergebracht. Für die Feuerwehrleute gibt es Umkleideräume, Waschräume, Ruheräume und Schulungsräume.
In der Fahrzeughalle sind die Fahrzeuge untergestellt.
In verschiedenen Werkstätten werden Fahrzeuge und Ausrüstung instand gehalten.

Viele Feuerwehrhäuser haben einen Schlauchturm, den man von außen gut erkennen kann. Dort werden die Schläuche getrocknet.

Von Leitstellen aus, in denen Notrufe ankommen, werden die Einsätze gesteuert.

MITMACHEN UND NACHDENKEN

2 Von welchen Einsätzen der Feuerwehr hast du schon gehört? Berichte.

3 Informiert euch: Wo befindet sich in eurem Ort oder in seiner Umgebung ein Feuerwehrhaus?

4 Gibt es bei euch eine Kinder- oder Jugendfeuerwehr? Was wird dort gemacht?

Freiwillig helfen

Nicht nur bei der Feuerwehr sind Menschen freiwillig im Einsatz. Auch in Sportvereinen, Umweltorganisationen oder in Schulen sind sie ehrenamtlich tätig.
Mit ihrer Arbeit wollen sie anderen Menschen, Tieren oder der Umwelt helfen.
Diesen Einsatz nennt man soziales Engagement.

1 Lies die Schlagzeilen.
Wobei und wie engagieren sich die Menschen?

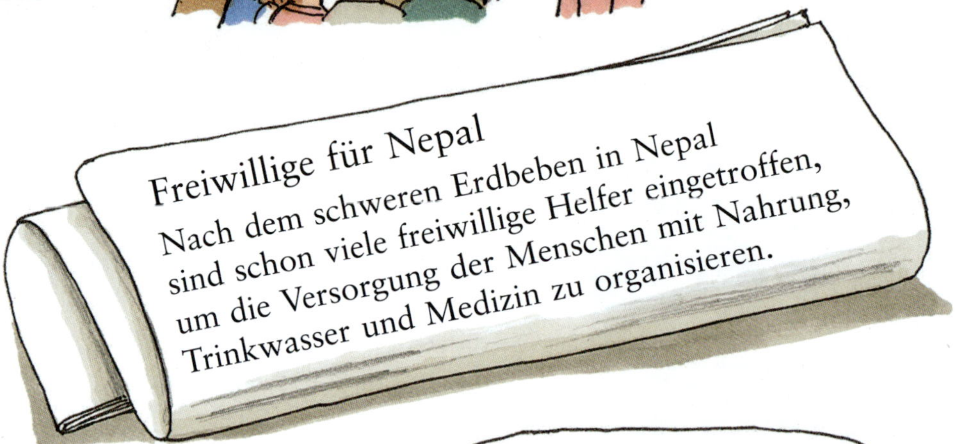

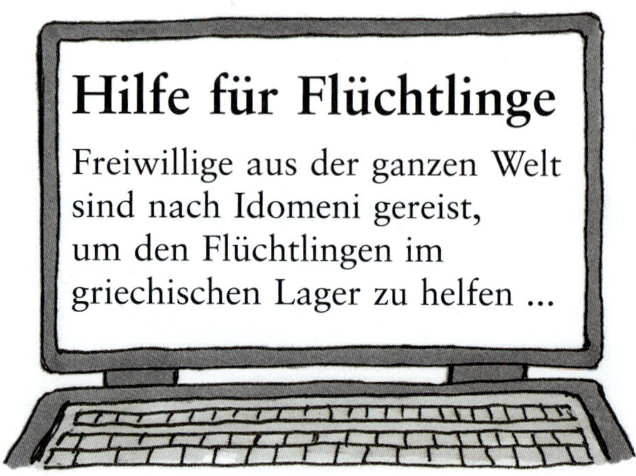

Beispiele für den Aspekt „Wer macht was für wen?" analysieren;
das Ehrenamt als Dienst an der Gemeinschaft begreifen

Die meisten ehrenamtlichen Helfer gibt es in Deutschland in den Sportvereinen. Sie arbeiten dort zum Beispiel als Trainer. Nur durch ihren Einsatz können so viele Kinder und Erwachsene in den Orten Sport treiben. Marcel Struck ist ehrenamtlich als Trainer für **Triathlon** tätig. Die Schüler der Klasse 3c haben mit ihm ein Interview geführt.

Herr Struck, warum engagieren Sie sich gerade im Sport?

Sport war immer ein wichtiger Teil in meiner Freizeit.
In meinem Verein übernahm ich zunächst kleine Aufgaben.
Ich organisierte Crossläufe oder Trainingslager.
Die Arbeit mit Kindern machte mir sehr viel Freude.
Deshalb habe ich dann eine Ausbildung gemacht und die **Trainerlizenz** für Triathlon erworben.

Wie viele Stunden in der Woche arbeiten Sie freiwillig?

Zweimal in der Woche trainiere ich die Kinder jeweils eine Stunde.
Dazu kommen die Zeiten für die Wettkämpfe.
Die sind oft an den Wochenenden.

Bekommen Sie für Ihre Arbeit im Verein wirklich kein Geld?

Für die Arbeit bekomme ich kein Gehalt.
Aber ich bekomme eine kleine Entschädigung, zum Beispiel für meine Fahrkosten.

Arbeiten Sie in Ihrem richtigen Beruf auch mit Kindern?

Leider nein. Ich arbeite als **Verwaltungsangestellter** im Bürgerbüro der Stadt. Meine Arbeitszeit verbringe ich hinter einem Schreibtisch am Computer.

INTERESSANT

Am 5. Dezember ist der Tag des Ehrenamtes. Jedes Jahr ehrt der Bundespräsident im Schloss Bellevue in Berlin besonders aktive Bürger für ihre ehrenamtliche Arbeit.

MITMACHEN UND NACHDENKEN

2 Wer arbeitet an deiner Schule oder in deinem Heimatort ehrenamtlich? Befrage dazu deine Eltern oder Lehrer. Führe mit der Person ein Interview.

Sich über Aufgaben und Engagement eines ehrenamtlichen Helfers im Sportverein informieren; selbst ein Interview mit einer Person vorbereiten und durchführen

S. 2/3, S. 5

Formen der Mitbestimmung

In der Klasse gibt es einen Klassenrat, in dem ihr eure Anliegen beraten und bei Entscheidungen mitbestimmen könnt.
Auch die Einwohner eines Ortes haben die Möglichkeit, ihre Anliegen und Wünsche zu benennen: Die Elternvertreter der Schule möchten vielleicht den Schulhof erneuert haben, die Anwohner einer Straße wollen eine Tempo-30-Zone in ihrem Wohngebiet beantragen, viele Einwohner sind gegen den Abriss des Brunnens auf dem Markt.
Diese Anliegen können die Bewohner eines Ortes auf verschiedene Weise bekannt machen.

1 Sprecht über die Möglichkeiten, Anliegen in eurem Ort bekannt zu machen.
Nutzt die Beispiele.

Bei Diskussionen und Demonstrationen kann man seine Meinung sagen.

Man kann für sein Anliegen Unterschriften auf einer Liste sammeln und diese dann im Rathaus einreichen.

Man kann einen Brief an den Bürgermeister oder an ein Gemeinderatsmitglied schreiben.

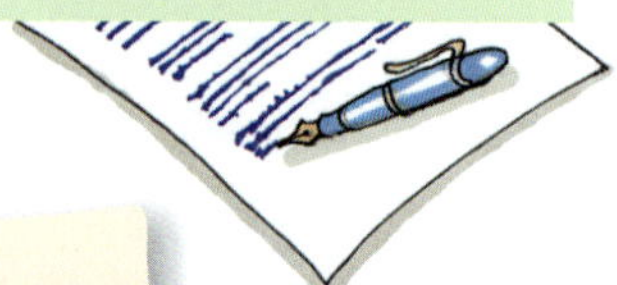

Man kann sein Anliegen bei der Bürgersprechstunde im Rathaus vortragen.

Bürgersprechstunde
Die Bürgersprechstunde findet jeden Mittwoch im Rathaus, Amtszimmer des Bürgermeisters, statt.
Nächste Sprechstunde am:
Mittwoch, 24. Oktober, 17–18 Uhr.

Man kann sich an Mitarbeiter einer Zeitung wenden und fragen, ob sie über das Anliegen berichten, oder selbst einen Leserbrief schreiben.

Wenn sehr viele Menschen das gleiche Anliegen haben, können sie über ein **Bürgerbegehren** einen **Bürgerentscheid** herbeiführen.

Und wer entscheidet im Ort, welche Anliegen von Einwohnern umgesetzt werden?
Da nicht alle Menschen im Ort an allen Entscheidungen teilnehmen können, wählen die Bürgerinnen und Bürger ihre Vertreter in die Gemeindevertretung oder Stadtverordnetenversammlung.
In Brandenburg finden diese Wahlen alle fünf Jahre statt.
Bürgermeisterinnen und Bürgermeister werden für fünf Jahre (ehrenamtlich tätig) oder für acht Jahre (hauptamtlich tätig) gewählt.
Mit der Wahl entscheidet sich jeder Wähler für Menschen, die seine Interessen am besten vertreten könnten.

Bürgermeisterin/ Bürgermeister
Die Bürgermeisterin/ der Bürgermeister hat vielfältige Aufgaben, zum Beispiel die Entscheidungen der Gemeindevertretung oder Stadtverordneten-versammlung umzusetzen.

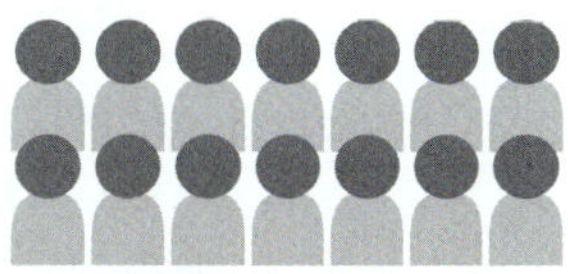

Bürgerinnen und Bürger aus dem Ort

Gemeindevertretung/ Stadtverordneten-versammlung
Die Mitglieder beschließen über fast alles, was im Ort entschieden werden muss und wofür Geld ausgegeben wird.

MITMACHEN UND NACHDENKEN

2 Was möchtet ihr in eurer Schule verändern? Erstellt gemeinsam eine Wunschliste. Überlegt:
- Das können wir allein tun.
- Hier brauchen wir Hilfe.

3 Schreibe Stichworte aus den Texten der Seite 49 auf. Erkläre, warum und wen die Bürger im Ort wählen.

LEICHTER LERNEN

Texte zusammenfassen
- Lies den Text.
- Fasse wichtige Aussagen in Stichworten zusammen. Die Stichworte kannst du dir leichter merken.
- Du kannst auch einen Spickzettel schreiben.

Freizeit verbringen

Jeder gestaltet seine Freizeit nach seinen Interessen.
Einige verbringen ihre Freizeit zu Hause,
andere nutzen die Freizeitangebote im Ort.

1 Betrachte das **Lapbook**.
Was haben die Kinder über die Freizeitangebote im Ort herausgefunden?

Informationen aus einem Interview zum Freizeitverhalten entnehmen; Spielplätze, Sportstätten, Freizeitmöglichkeiten usw. als Orte der Freizeitgestaltung kennen

LEICHTER LERNEN

Informationen suchen

- Sammle Fragen zu einem Thema.
- Erstelle einen Arbeitsplan.
- Sammle Material.
- Fasse alle Ergebnisse zusammen und gestalte ein Lapbook.
- Präsentiere das Lapbook und werte es aus.

MITMACHEN UND NACHDENKEN

2 Welche besonderen Freizeitangebote für Kinder gibt es in eurem Ort oder in der Umgebung? Gestaltet gemeinsam ein Lapbook.

S. 2/3, S. 8/9

Wir machen mit

1 Wähle Aufgaben aus. Forsche nach.

1 Podiumsdiskussion

- Sucht euch einen Wunsch aus der Wunschliste „Das möchten wir in der Schule verändern“ (S. 49) heraus.
- Diskutiert: Welche Wünsche sind erfüllbar, welche nicht?
- Bildet zwei Gruppen. Eine Gruppe sammelt Argumente für die Erfüllung des Wunsches – PRO-Gruppe.
  Die andere Gruppe sammelt Argumente dagegen – CONTRA-Gruppe.
- Bestimmt aus jeder Gruppe zwei bis drei Mitschüler, die eure Argumente bei der **Podiumsdiskussion** vertreten.
  Wählt ein Kind aus, das die Diskussion leitet.

2 Ein Platz für uns

Stellt euch vor, ihr sollt einen neuen Spielplatz bekommen.

- Sammelt Ideen.
  Zeichnet und schreibt sie auf.
- Baut Modelle von den Spielgeräten und Bänken.
- Nutzt als Baumaterial: Ton, Knete, Pappe, Draht, Bausteine, Schnur …
- Vielleicht findet ihr Partner, mit denen ihr eure Ideen gemeinsam umsetzen könnt.

Die fertige Bank auf dem Spielplatz.

Podiumsdiskussion als Mitbestimmungsform im Rollenspiel erleben;
Planungs- und Entwicklungsideen für die eigene Schule anhand des Beispiels ableiten

AH S.24/25

S. 4

Wohnen früher

Wie wohnten die Menschen früher?

Das Foto beschreiben; Zusammenhänge zwischen der Frage und der unteren Abbildung herstellen

Leben in der Steinzeit

1 Wieso lebten die Menschen in Höhlen?

An einem Lagerfeuer zu schlafen, kann sicher ein aufregendes Erlebnis sein! Was aber, wenn es stürmt oder sehr kalt ist? Oder wenn sich Säbelzahnkatzen in der Umgebung aufhalten? Deshalb haben die Menschen immer schon Schutz gesucht, auch in der **Altsteinzeit**.

Die Menschen nutzten Felsüberhänge und Höhlen, in denen sie Schutz fanden. Das wissen wir, weil sie dabei Spuren hinterließen. Diese werden von **Archäologen** erforscht. Zu solchen Spuren gehören Knochen von den Menschen selbst und von Tieren, die sie erbeuteten. Auch bearbeitete Steine wurden gefunden. Sie dienten als Werkzeug oder Waffe. Und in einigen Höhlen hinterließen die Menschen sogar Malereien!

Die Menschen lebten vom Sammeln und Jagen. Sie suchten in ihrer Umgebung Beeren, Kräuter, Nüsse, Pflanzensamen und Pilze. Sie fingen Fische und Vögel. Größere Wildtiere jagten sie zum Beispiel mit Speeren.

Höhlennutzung als Wohnform der Altsteinzeit erfassen;
Bedeutung historischer Quellen an diesem Beispiel erkennen

2 Warum lebten die Menschen in Zelten?

Wenn es in ihrer Umgebung nicht mehr genug Nahrung gab oder wenn das Wild weiterzog, mussten die Menschen folgen und ihre Höhlen verlassen. Dann lebten sie in Zelten oder einfachen Hütten, weil sie diese schnell auf- und abbauen konnten. Wann die Menschen erstmals das Feuer nutzten, kann niemand genau sagen. Das Feuer gab Wärme, Licht und Schutz. Außerdem ließ sich damit das Fleisch garen, das von den erlegten Tieren stammte.

INTERESSANT

In der Steinzeit wurde das Feuerschlagen erfunden. Diese Methode war viele Jahrtausende in Gebrauch. Man braucht dazu: einen Feuer- und einen Pyritstein und Zunder. Zunder ist leicht brennbares Material, wie zum Beispiel ein trockener Baumpilz. Wird der Feuerstein auf den Pyritstein geschlagen, entstehen kleine Funken. Fallen die Funken in den Zunder, kann dieser durch vorsichtiges Pusten zu Feuer entfacht werden.

Pyritstein

Feuerstein

Zunder

MITMACHEN UND NACHDENKEN

3 Benenne die Vorteile, die das Feuer für die Menschen in der Altsteinzeit hatte.

4 Gestaltet ein Rollenspiel: Eine Gruppe von Menschen in der Altsteinzeit berät, ob sie bleiben oder weiterziehen soll.

5 Bei den Höhlenmalereien gibt es oft Tierbilder. Was könnten die Gründe sein? Überlegt gemeinsam.

Die Menschen werden sesshaft

1 In der Jungsteinzeit veränderte sich das Leben der Menschen.
Lies und berichte.

Mit einer solchen Dechsel konnten die Menschen Bäume fällen und Holz bearbeiten.

In der **Jungsteinzeit** kam es zu bedeutenden Veränderungen.
Als die letzte Eiszeit vorüber war, entdeckten die Menschen,
dass sie das Wildgetreide selbst aussäen und ernten konnten.
So mussten sie es nicht mehr suchen und sammeln,
sondern konnten es auf Feldern anbauen.
Auch Erbsen und Linsen wurden ausgesät.
Außerdem begannen die Menschen, Schafe und Ziegen
zu halten und zu züchten.
Später kamen Schweine und Rinder hinzu.
Um bei ihren Feldern und Tieren bleiben zu können,
bauten die Menschen der Jungsteinzeit feste Häuser.
Sie zogen nicht mehr umher, sondern wurden sesshaft.
Diese Veränderungen geschahen aber nicht plötzlich,
sondern sie entwickelten sich sehr langsam.
Oft lebten die Jäger und Sammler
und die sesshaften Bauern nebeneinander.

Das ist der Kopf einer Axt. Die Menschen in der Jungsteinzeit konnten Steine schleifen und bohren.

Auch Tongefäße wurden in der Jungsteinzeit erfunden. Die Menschen brauchten sie, um Vorräte anlegen zu können. Damit der Ton hart wird, wurde er in Erdgruben gebrannt.

Mit dem Mahlstein wurden Körner gemahlen.

Ursachen für die Sesshaftigkeit der Menschen mithilfe der Texte benennen können;
Erfindungen der Menschen aus dieser Zeit kennen und wertschätzen

INTERESSANT

Wie haben die Menschen früher Bäume gefällt und daraus Häuser gebaut? Solche Fragen erforscht man im Archäotechnischen Zentrum (ATZ) Welzow. Es liegt im Süden Brandenburgs. Die Forscher verwenden dazu Geräte und Werkzeuge, die die Steinzeitmenschen schon kannten, wie etwa Steinzeitspaten und -äxte. Das Selbermachen und Ausprobieren ist dabei ganz wichtig. Für Schüler gibt es extra Angebote, bei denen sie die alten Techniken üben können.

In der Jungsteinzeit lebten einige Menschen in Langhäusern. Solche Häuser waren bis zu 40 Meter lang und 10 Meter breit. Die Menschen errichteten die Häuser mit Pfosten und Balken aus Holz. Die Wände bestanden vermutlich aus den biegsamen Ästen der Weide. Die Äste wurden zwischen die Pfosten geflochten und mit Lehm bedeckt. Das Dach wurde mit Baumrinde, Schilf oder Stroh gedeckt. Im Inneren eines Langhauses gab es eine offene Feuerstelle. Mehrere solcher Häuser konnten zusammenstehen.

MITMACHEN UND NACHDENKEN

2 Zeichnet auf dem Schulhof mit Kreide die Umrisse eines Langhauses auf.

3 Baut ein einfaches, verkleinertes Modell eines Langhauses.
Verwendet dazu Knete, Äste, Zweige, Bindfaden, auch Stroh und Lehm.

4 Vergleicht: Welche Vor- und Nachteile hat das Leben der Jäger und Sammler? Welche Vor- und Nachteile hat die Sesshaftigkeit?

Wohnformen aus früherer Zeit durch den Bau von Modellen begreifen; dabei die Leistung der Menschen wertschätzen

AH S. 26/27

Brennen und löschen

1 Damit ein Feuer brennt, müssen drei Bedingungen erfüllt sein.
Erkläre die Abbildung.

Der Brennstoff muss erhitzt werden, bis er Feuer fängt. Holz muss zum Beispiel die Temperatur von 300 °C erreichen. Das kann durch ein Streichholz geschehen.

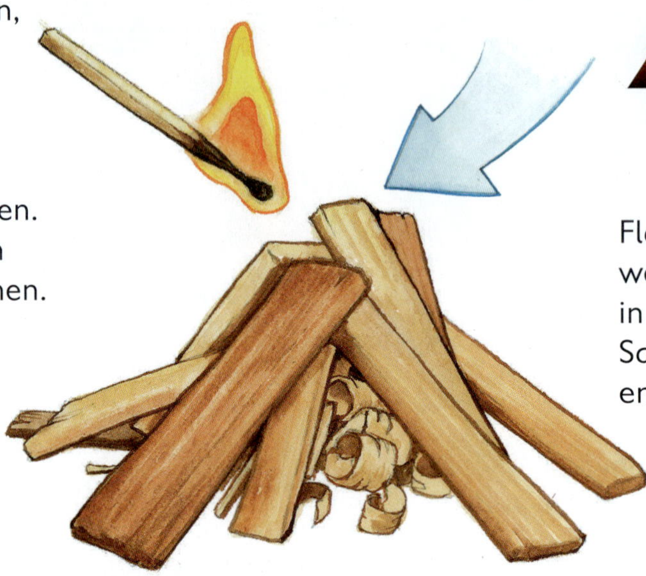

Flammen entstehen nur, wenn **Sauerstoff** in der Umgebung ist. Sauerstoff ist in der Luft enthalten.

Ein **Brennstoff** muss vorhanden sein, zum Beispiel Holz, Kerzenwachs oder ...

Ein Feuer löscht man, indem man eine der Bedingungen beseitigt.

1 Temperatur

Brennendes Papier kann mit Wasser gelöscht werden. Das setzt die Temperatur herab.

2 Brennstoff

Ein Feuer im Kamin geht aus, wenn kein Brennholz nachgelegt wird. So wird dem Feuer der Brennstoff entzogen.

3 Sauerstoff

Die Glut in einem Grill kann mit Sand erstickt werden. Durch den Sand kommt nicht genug Sauerstoff an die Holzkohle.

Bedeutung des Feuers in der heutigen Zeit (Wärme, Licht) sowie Gefahren im Umgang mit Feuer an Beispielen erkennen

Wie lange brennen die Teelichter?

EXPERIMENT

Ihr braucht:

- 3 Teelichter
- 3 Gläser in unterschiedlichen Größen
- Streichhölzer
- 1 feuerfeste Unterlage

Geht so vor:

- Zündet die Teelichter an.
- Stülpt gleichzeitig über jedes Teelicht ein Glas.
- Beobachtet.

Wie können Teelichter gelöscht werden?

EXPERIMENT

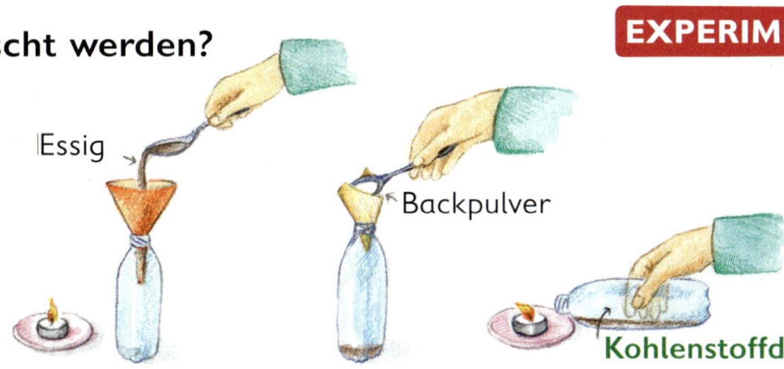

Ihr braucht:

- 1 Teelicht
- 1 Porzellanteller
- 1 kleine Flasche
- 1 Trichter
- 1 Esslöffel
- 1 Teelöffel
- 1 Stück Papier
- Essig
- Backpulver
- Streichhölzer

Geht so vor:

- Stellt das Teelicht auf den Porzellanteller und zündet es an. Gießt fünf Esslöffel Essig in die Flasche.
- Faltet das Papier als Einfüllhilfe. Gebt einen halben Teelöffel Backpulver in die Flasche.
- Haltet nun die Flasche waagerecht in die Nähe der Flamme. Passt auf, dass kein Essig ausläuft.

MITMACHEN UND NACHDENKEN

2 Fragt nach, wie man einen Brandfall meldet.

3 Erarbeitet gemeinsam Regeln für den Umgang mit Feuer. Erstellt Plakate dazu.

4 Führt die Experimente durch. Was beobachtet ihr? Beantwortet die Fragen. Versucht, eure Beobachtungen zu erklären.

Die Suche nach historischen Quellen

1 Wähle Aufgaben aus. Forsche nach.

1 Alte Gebäude in deinem Wohnort

Fotografiere oder suche nach Bildern von alten Gebäuden in deinem Ort.
Finde heraus, wann sie erbaut wurden.
Präsentiere die Bilder mit einem **Geschichtsfries**.
So kann man das Alter der Gebäude gut vergleichen.

Du brauchst:
- viele Perlen
- eine lange Schnur
- Fäden
- Klebestreifen
- Wäscheklammern

Gehe so vor:
- Fädele die Perlen auf die Schnur. Eine Perle bedeutet zum Beispiel 10 Jahre.
- Befestige auf der Rückseite der Bilder einen Faden mit Klebestreifen.
- Hänge die Bilder mit einer Wäscheklammer so an die Perlenschnur, dass sie in der Nähe der passenden Jahreszahl sind.

2 Die Geschichte des Wohnzimmers

Heutige Wohnzimmer sind ganz anders eingerichtet als Wohnzimmer vor 50 oder 100 Jahren.
Frage Erwachsene und sammle Bilder von alten Wohnzimmern.
Wie wurde die „gute Stube" früher genutzt?

3 Ein alter Gegenstand ist Zeitzeugnis

Suche zu Hause einen alten Gegenstand, zum Beispiel ein altes Telefon, ein altes Bügeleisen, einen Kassettenrekorder.
Lass dir den Gegenstand erklären.
Stelle ihn den anderen Kindern in deiner Klasse vor.

Mit einem Geschichtsfries arbeiten; die Veränderung des Wohnens am Beispiel „Wohnzimmer" aufzeigen; historische Quellen interpretieren

S. 2/3

Mein Körper

Wie funktioniert mein Körper?

Das Foto beschreiben; Zusammenhänge zwischen der Frage und der unteren Abbildung herstellen

Wie unserer Körper funktioniert

1 Betrachte die Schaubilder.
Sie zeigen wichtige Funktionen unseres Körpers.
Nutze die Texte zur Erklärung.

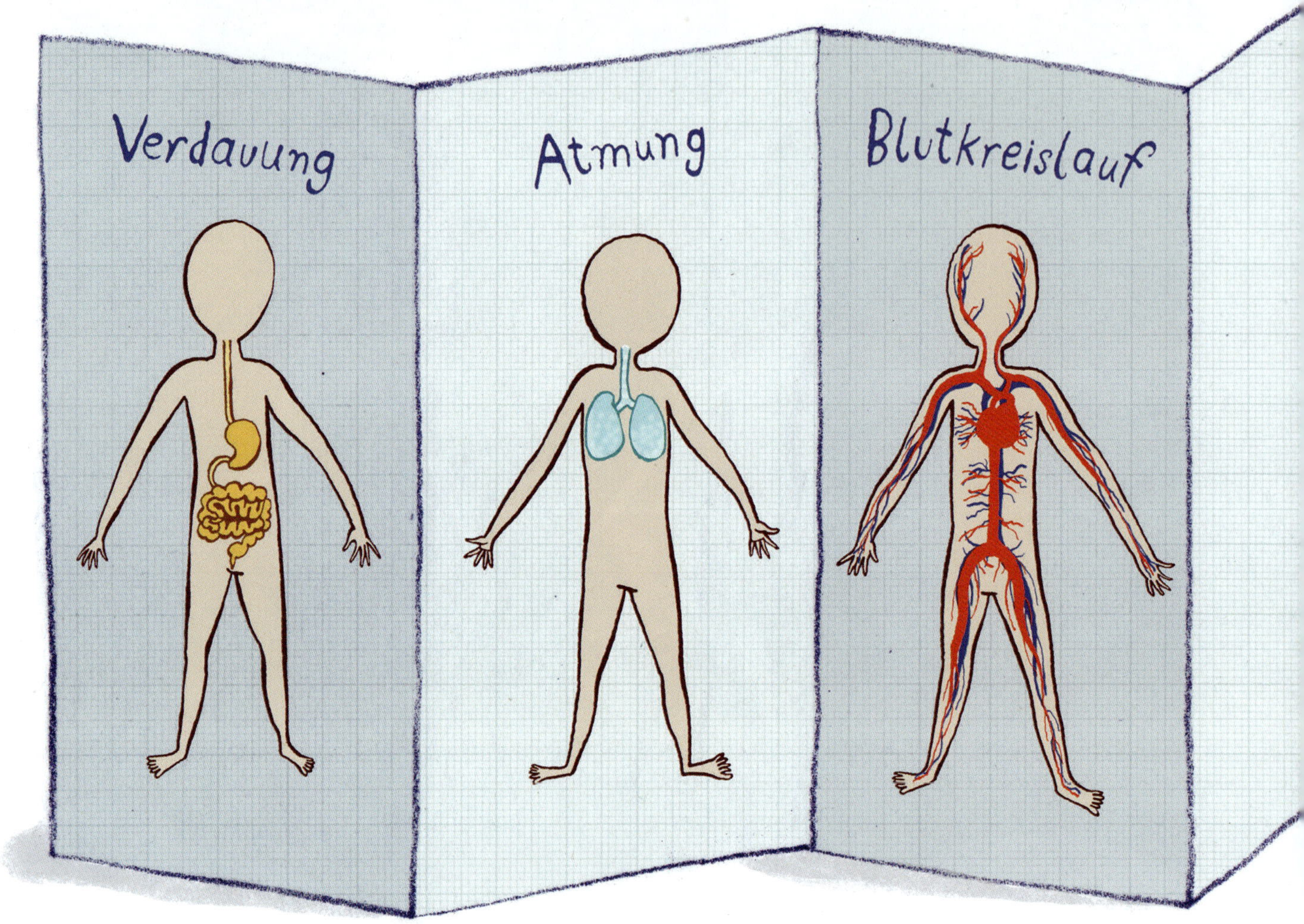

Unsere Nahrung wird im Körper verdaut. Die darin enthaltenen **Nährstoffe** werden herausgelöst und gelangen über das Blut zu allen Körperteilen. So erhält der Körper Baustoffe für das Wachstum und Energie für das Denken oder die Bewegung.

Beim Einatmen gelangt Luft in unsere Lungen. In der Luft ist Sauerstoff enthalten. Er wird überall in den Körperzellen gebraucht, um Energie zu gewinnen. Dabei entsteht als „Abfall" das Gas **Kohlendioxid**. Wir geben es mit der ausgeatmeten Luft ab.

Unser Blut fließt in Adern in einem Kreislauf durch unseren Körper. Das Blut transportiert Nährstoffe und Sauerstoff zu den einzelnen Körperteilen. Es transportiert auch die **Abfallstoffe**. Das Herz ist die Pumpe des Blutkreislaufes.

Körperfunktionen (Verdauung, Atmung, Blutkreislauf, Bewegung, Nervensystem, Sinne) benennen und im Ansatz verstehen

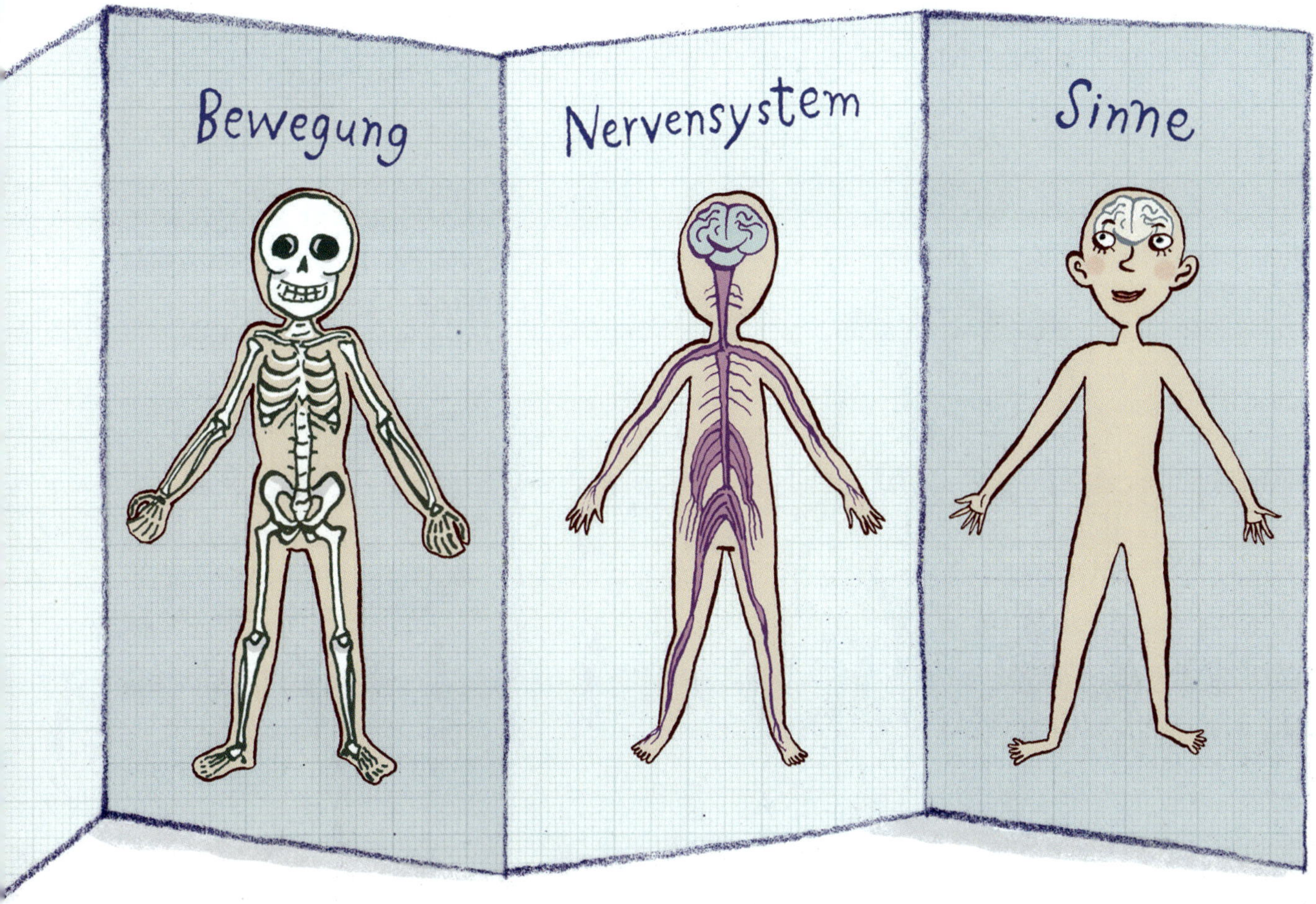

Das Skelett ist das stützende Gerüst unseres Körpers. Es besteht aus über 200 Knochen. Durch Muskeln und Gelenke können wir unseren Körper in viele Richtungen bewegen.

Unser Gehirn sammelt alle Informationen, die unser Körper von außen und innen erhält. Es ist über ein Nervennetz mit allen Körperteilen verbunden. Das Gehirn sendet Befehle, um die **Organe** und Körperteile zu steuern.

Mit unseren Sinnesorganen Haut, Auge, Ohr, Nase und Mund nehmen wir Informationen aus unserer Umwelt auf. Diese werden über Nerven an das Gehirn geleitet und dort verarbeitet. So merken wir, was um uns herum geschieht.

MITMACHEN UND NACHDENKEN

2 Schreibe alle unbekannten Wörter aus dem Text auf und lasse sie dir erklären.

3 Warum sind die Verdauung und die Atmung wichtige Körperfunktionen? Begründe.

Was unseren Körper trägt und bewegt

1 Ertaste Knochen an deinem Körper. Versuche, sie zu benennen.

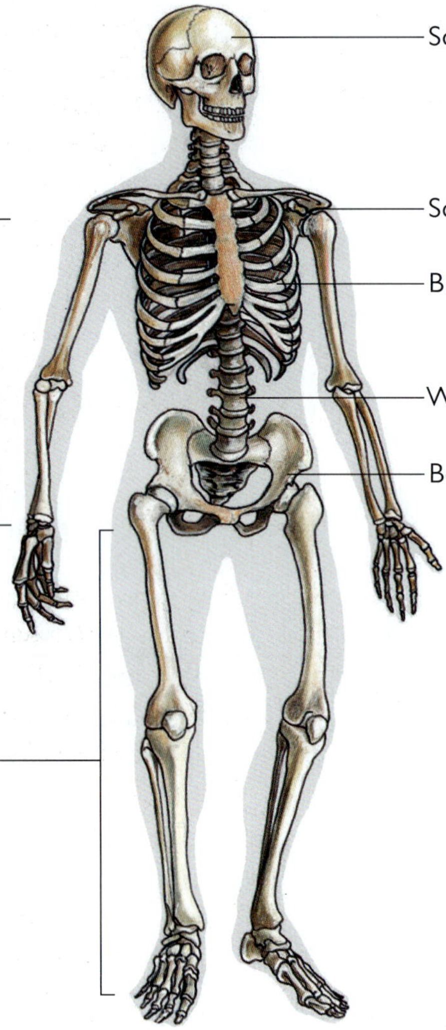

INTERESSANT

Babys haben bei der Geburt etwa 350 Knochen. Einige der weichen Knochen wachsen später noch zusammen. So verringert sich die Anzahl der Knochen im Laufe der Zeit.
Die meisten Erwachsenen haben mit 25 Jahren nur noch 206 Knochen.

Der kleinste Knochen im Skelett ist der Steigbügel. Das ist ein Knochen im Ohr. Der Knochen ist nur halb so groß wie ein Reiskorn.

Das Skelett

Alle **Knochen** zusammen bilden das Skelett des Menschen.
Es schützt empfindliche Körperteile:
So umschließt der Schädel unser Gehirn und die Rippen schützen Herz und Lunge.
Die Wirbelsäule schützt das empfindliche Rückenmark.
Die Wirbelsäule und die Knochen der Arme und Beine sind das Stützgerüst unseres Körpers. Sie geben ihm Halt und auch Form.

Viele Knochen sind durch Gelenke miteinander verbunden. Eine Knorpelschicht und Gelenkschmiere verhindern, dass die Knochen beim Bewegen aufeinander reiben.

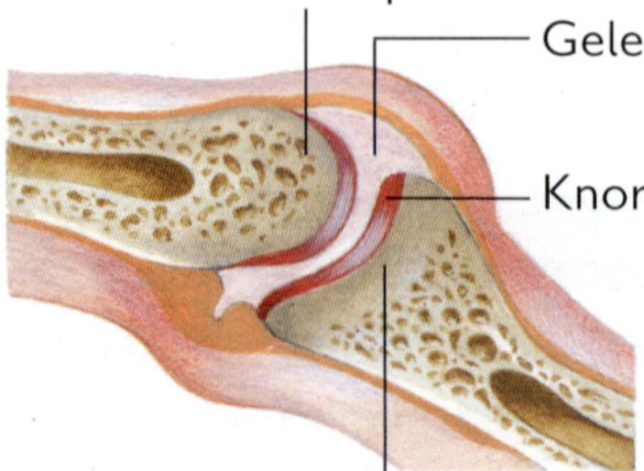

Die Funktionen von Skelett, Knochen, Gelenken und Muskeln und deren Zusammenspiel durch Texte und Bilder erfassen

Die Muskeln

Damit sich der Mensch bewegen kann, braucht er nicht nur Knochen und Gelenke, sondern auch Muskeln.
Du spürst die Muskelbewegung:
Umfasse mit der rechten Hand den linken Unterarm.
Balle deine Hand zur Faust.
Die Finger und der Daumen werden durch die Kraft der Handmuskeln bewegt.

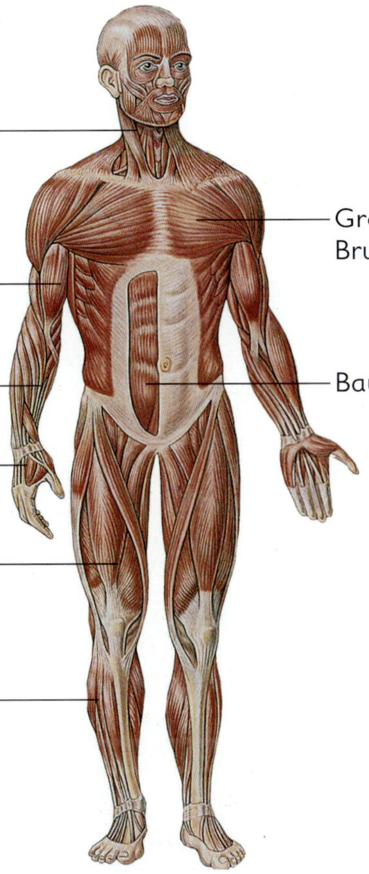

INTERESSANT

Skelettmuskeln bestehen aus vielen feinen Muskelfasern. Sie sind von einer festen Muskelhülle umgeben, die oft als Sehne endet. Sehnen verbinden Muskeln mit den Knochen.

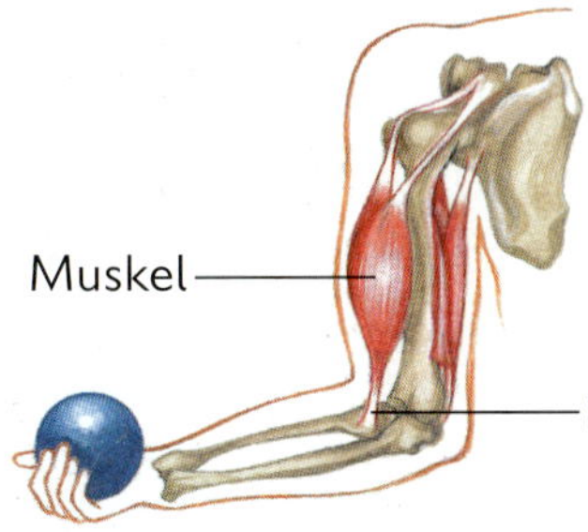

Bei jeder Bewegung sind zwei Muskeln als Gegenspieler beteiligt: der Beugemuskel und der Streckmuskel.

Du kannst auch herausfinden, wo deine Gelenke sitzen:
Überall, wo Finger und Daumen einknicken, sitzen bewegliche Knochenverbindungen.
Probiere, in welche Richtung du die Finger oder den Kopf bewegen kannst:
beugen, strecken, zur Seite drehen …

Damit du gelenkig bleibst, musst du dich bewegen und deine Muskeln trainieren.
So hältst du deinen Körper gesund.

MITMACHEN UND NACHDENKEN

2 Macht in der Pause drei Übungen, die die Muskeln stärken.

Schlaffe Muskeln – krummer Rücken

1 Teste dich:

- Kannst du mit geschlossenen Augen mindestens zehn Sekunden ruhig auf einem Bein stehen?
- Kannst du hintereinander fünf Sprünge auf einem Bein machen?
- Schaltest du den Fernseher oder Computer nach einer Stunde aus?
- Kannst du ohne Atemnot schnell eine Treppe steigen?

Hast du mindestens eine der Fragen mit „Nein“ beantwortet, bewegst du dich vielleicht zu wenig.
Du solltest deinen Körper und deine Ausdauer trainieren.
Dabei helfen Übungen, die deine Muskeln kräftigen und dehnen.

Übungen zum Kräftigen und Dehnen der Muskulatur

1. Übung: 10-mal

2. Übung: 5 Sekunden halten

3. Übung: 10-mal

4. Übung: täglich mehrmals

5. Übung: 5-mal

6. Übung: 15 Sekunden halten

Wenn möglich, Augen schließen

LEICHTER LERNEN

Übungen üben

- Lass dir Übungen genau zeigen.
- Richtiges Vormachen ist wichtig für richtiges Nachmachen.

Übungen zur Kräftigung der Muskulatur durchführen; die eigene Verantwortung für die Körpergesundheit erfassen

Die Wirbelsäule

Die Hauptstütze deines Körpers ist die Wirbelsäule. Bei guter Körperhaltung sieht die Wirbelsäule von der Seite wie ein doppeltes S aus. Sind Muskeln und Bänder nicht genügend in Aktion, so erschlaffen sie, und es kommt zu Haltungsschäden.

Normale Haltung — Fehlhaltungen

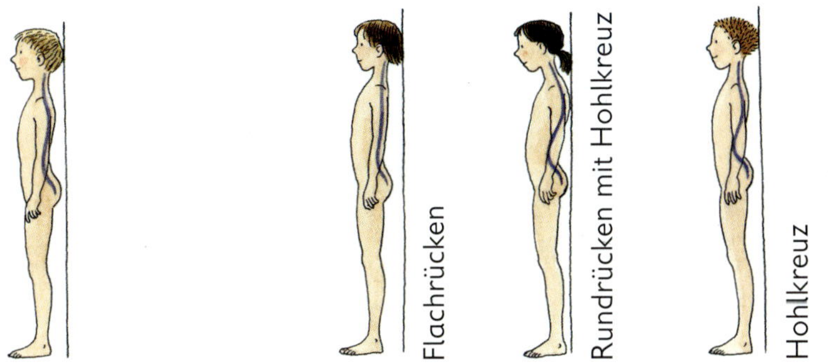

Die Wirbelsäule schonen

Achte darauf:

beim Sitzen — beim Tragen — beim Heben

INTERESSANT

Die Wirbelsäule hat fünf Abschnitte:

- Halswirbelsäule
- Brustwirbelsäule
- Lendenwirbelsäule
- Kreuzbein
- Steißbein

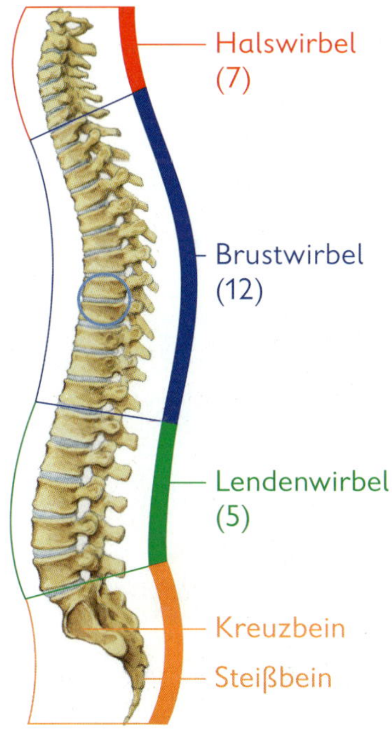

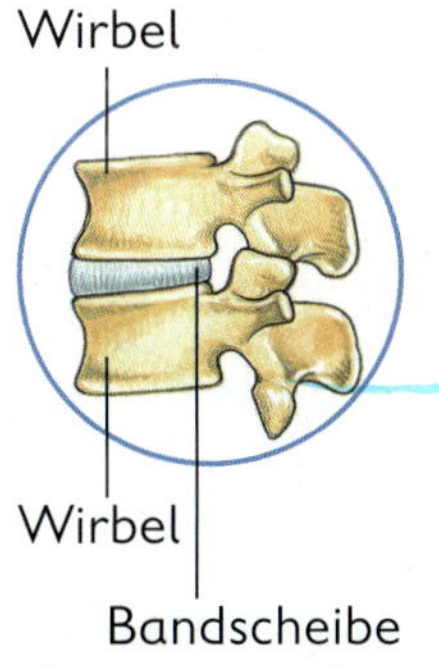

MITMACHEN UND NACHDENKEN

2 Schreibe einen Tag lang auf, wie lange du sitzt. Wann könntest du Sitzzeit einsparen?

3 Haltungsschäden gehören bei uns zu den sogenannten „Volkskrankheiten". Was bedeutet das?

Gesundheitsfördernde Maßnahmen selbst ausprobieren und bewerten; das eigene Verhalten im Zusammenhang mit der „Sitzzeit" reflektieren

AH S.30/31   S. 4

Modelle bauen

1 Wähle eine Aufgabe aus. Forsche nach und berichte.

1 Gelenkmodelle bauen

Gelenke machen deinen Körper beweglich. Baue diese Gelenkmodelle nach.

Scharniergelenk

Du brauchst:
- Toilettenrolle
- Holzstäbchen

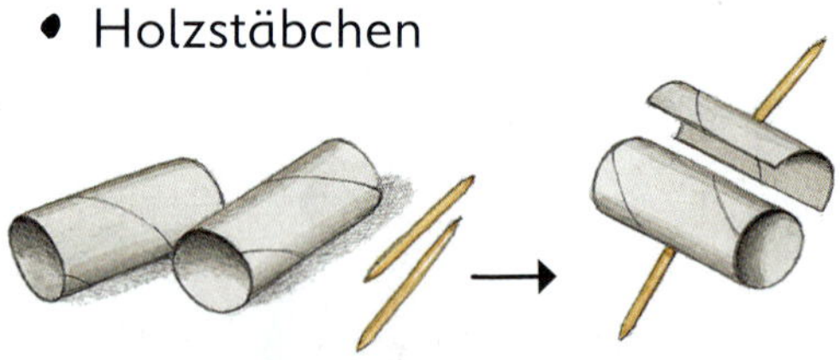

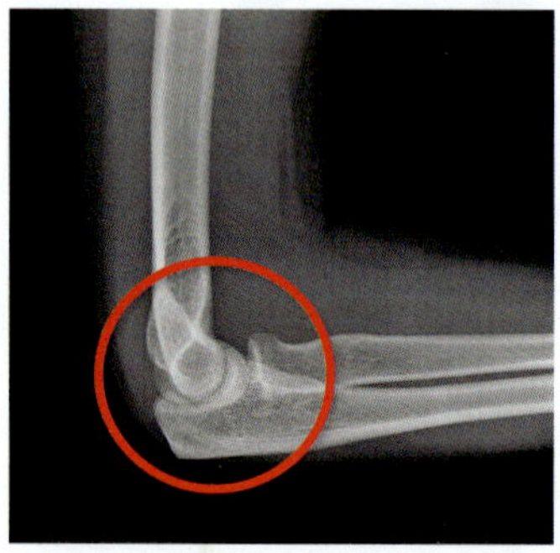

Scharniergelenke lassen sich beugen und strecken.

Kugelgelenk

Du brauchst:
- Eierkarton
- Tennisball
- Holzstäbchen

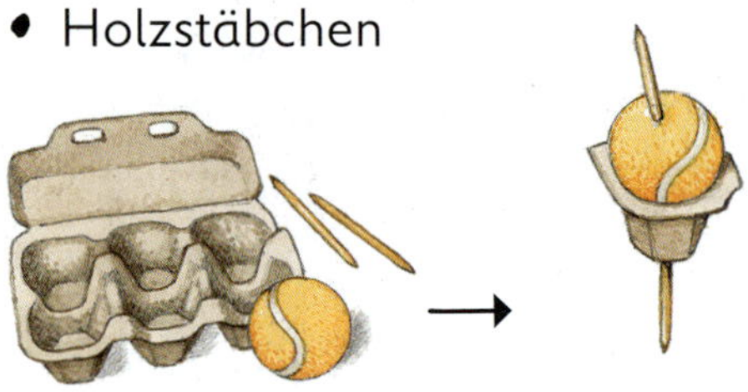

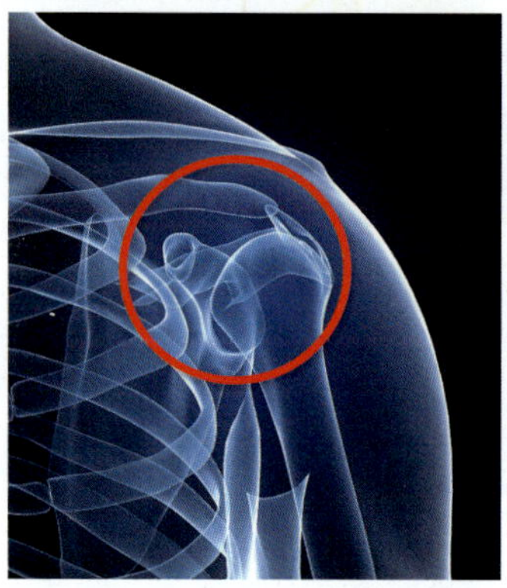

Kugelgelenke lassen sich beugen, strecken, vor- und zurückdrehen, abspreizen und heranführen.

Sattelgelenk

Du brauchst:
- Knete
- Holzstäbchen

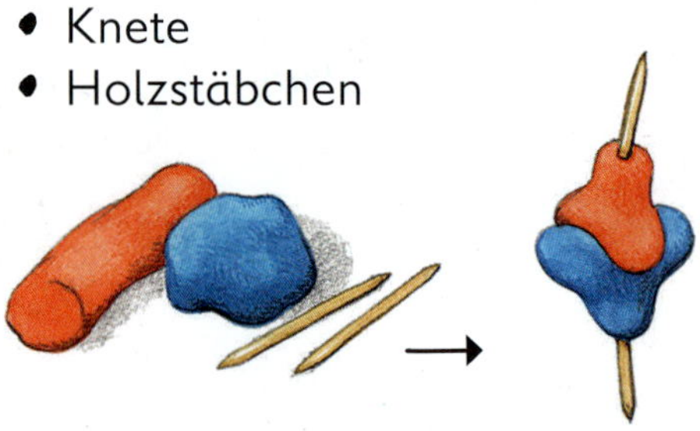

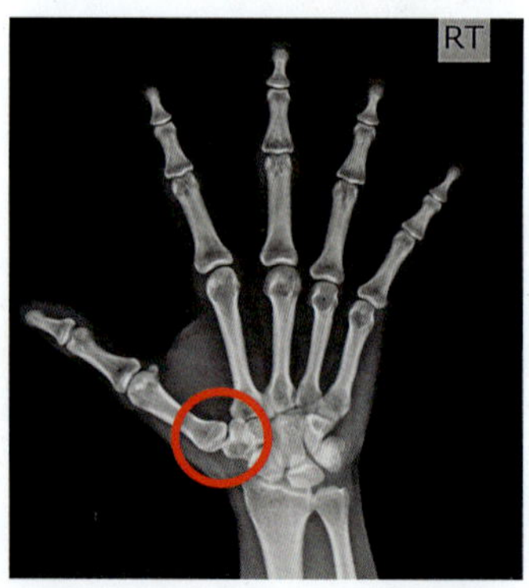

Das Sattelgelenk lässt sich zur Seite drehen und auf und ab bewegen.

Gelenkmodelle bauen und erproben, Zusammenhänge zwischen Modell und Original in Ansätzen erkennen

S. 12

Unsere Sinne

Was können meine Sinne?

Mit allen Sinnen genießen.

das Gras... den Vogel... das Gänseblümchen... die Kirsche...

Das Foto beschreiben; Zusammenhänge zwischen der Frage und der unteren Abbildung herstellen

Sehen, hören, schmecken, riechen, fühlen

1 Lest die Texte und probiert aus.

Mit deinen Augen siehst du Farben, Formen, Größen, Entfernungen, Bewegungen.
Räumlich siehst du nur mit beiden Augen.

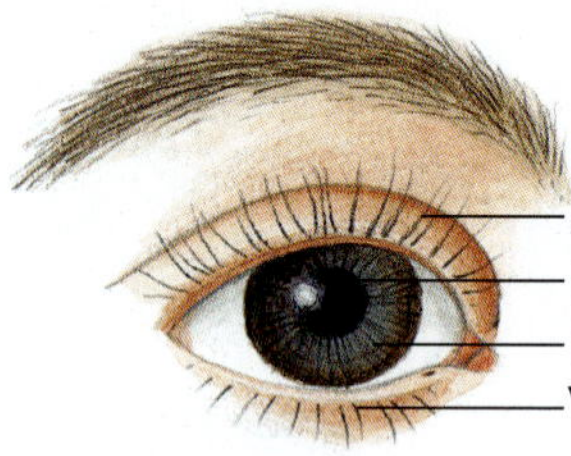

1 Betrachtet gegenseitig eure Augen.
Zeichnet ein Auge und beschriftet die Zeichnung.

Mit den Ohren hörst du Geräusche, Laute, Töne und Klänge: laute oder leise, kurze oder andauernde.
Die Richtung, aus der du sie hörst, erkennst du nur mit beiden Ohren.

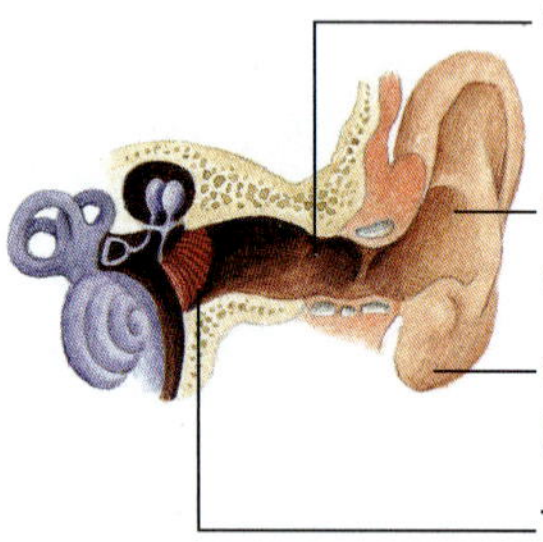

2 Seid ganz leise in der Klasse. Schreibt auf, was ihr bei geöffnetem Fenster hört.

Du hast über 10.000 Geschmacksknospen auf der Zunge. Damit schmeckst du, ob etwas süß, sauer, bitter, herzhaft (umami) salzig oder fettig ist.

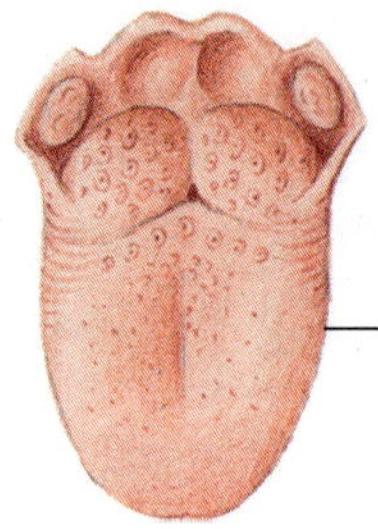

3 Probiert Speisen: Welche erkennt ihr, ohne sie zu sehen?

Mit deiner Nase riechst du, was süßlich, säuerlich, blumig, brenzlig, harzig oder faulig ist.
Geschmacks- und Geruchssinn wirken zusammen.

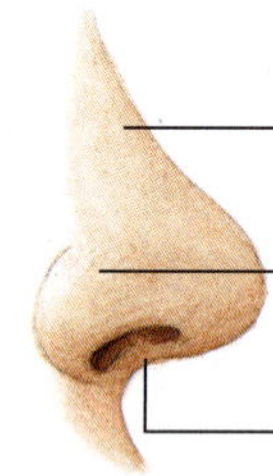

4 Riecht an Speisen: Welche erkennt ihr, ohne sie zu sehen?

Die Haut ist dein größtes **Sinnesorgan**. Sie enthält viele Empfindungsnerven und Tastpunkte – du fühlst.

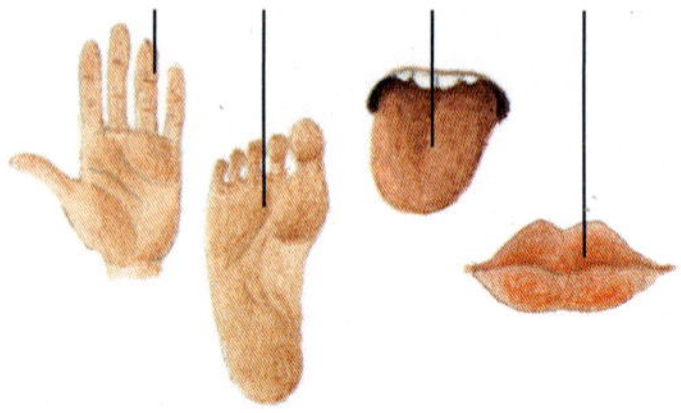

5 Probiert aus: Was fühlt ihr?
Berührt Eis, warmes Wasser, Sand, eine Tischplatte.
Streichelt und kneift euch gegenseitig.

Die Aufgaben der Sinne (Hören, Sehen, Riechen, Schmecken, Fühlen) mit Übungen ausprobieren; die Bedeutung der Sinne für den Menschen begreifen

Hier stimmt was nicht!

Mit der Zunge kann man gucken,
mit den Beinen kann man spucken.
Auf den Ohren kann man kriechen,
mit den Augen kann man riechen.
Hören kann man mit den Zehen,
auf dem Mund, da kann man stehen.
Mit den Händen kann man lecken
und die Schokolade schmecken.
Mit den Knien kann man trinken,
mit der Nase kann man winken.
Damit endet das Gedicht und mir scheint:
Hier stimmt was nicht.

Paul Maar

Kann das sein? Sinnestäuschung?

6
Lies nicht die Wörter, sondern nenne die Farbe. Was bemerkst du?

gelb rot violett grau schwarz orange
blau rosa grün braun

Das ist schwierig, denn deine linke Gehirnhälfte will, dass du die Farben nennst. Deine rechte Gehirnhälfte aber will, dass du die Wörter liest.

7
Lege ein großes Schneckengehäuse an dein Ohr. Hörst du das Meer rauschen?

Versuche es auch mit einem Glas.

8
Sind diese Säulen gerade? Lege ein Lineal an.

MITMACHEN UND NACHDENKEN

2 Lies das Gedicht.
Schreibe selbst ein so lustiges Gedicht.

3 Findet noch mehr Beispiele zu Sinnestäuschungen. Sucht im Internet unter dem Suchwort „Sinnestäuschung".

4 Manches, was wir sehen oder hören, verwirrt unser Gehirn. Wie kommt es zu Sinnestäuschungen? Forsche nach.

Mit den Augen und den Fingern sehen

1 Benenne die Teile des Auges und ihre Aufgaben.

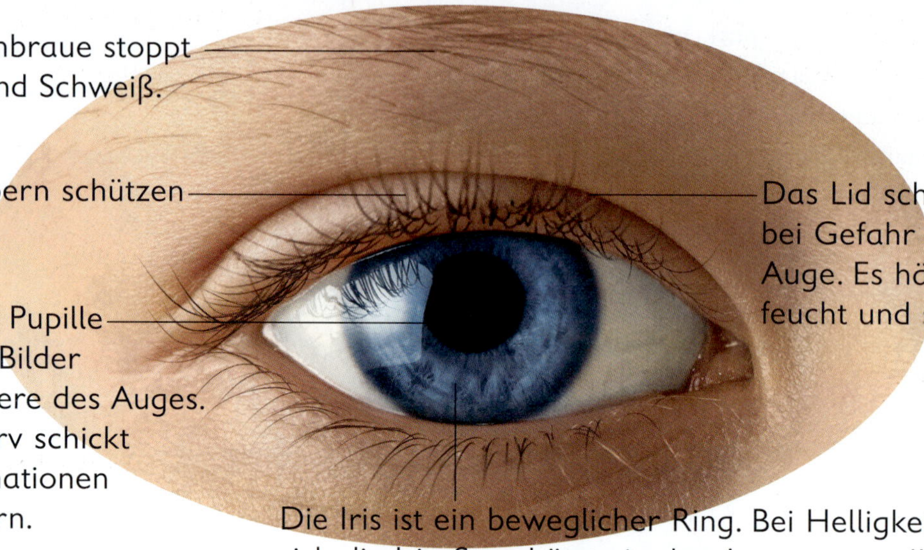

Die Augenbraue stoppt Wasser und Schweiß.

Die Wimpern schützen vor Staub.

Durch die Pupille gelangen Bilder in das Innere des Auges. Ein Sehnerv schickt die Informationen zum Gehirn.

Das Lid schließt sich bei Gefahr für das Auge. Es hält das Auge feucht und sauber.

Die Iris ist ein beweglicher Ring. Bei Helligkeit verengt sich die Iris. So schützt sie das Auge vor grellem Licht. Bei Dunkelheit weitet sich die Iris. So kann mehr Licht durch die Pupille.

Hilfsmittel für die Augen

Lupe

Sonnenbrille

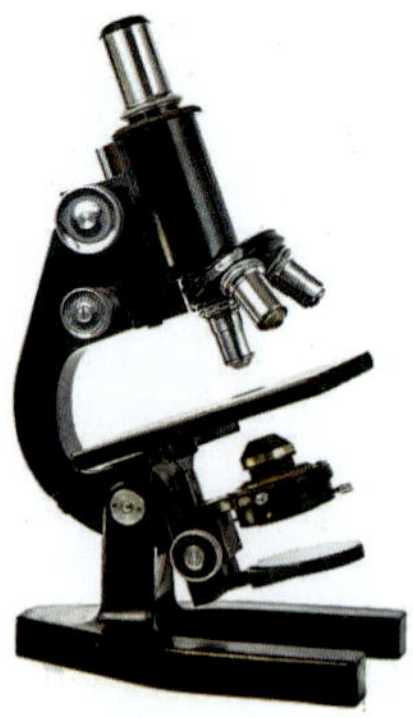

Mikroskop

Schweißerbrille

Taucherbrille

Lesebrille

Fernglas

INTERESSANT

Der arabische Wissenschaftler Alhazen hat vor über 1000 Jahren die Leselupe erfunden. Rund 200 Jahre später nutzte Roger Bacon aus England diese Aufzeichnungen zur Erfindung der Brille.

Den Aufbau des Auges durch Foto und Texte erfassen, Hilfsmittel für das Sehen benennen und die Funktionsweise beschreiben

Menschen, die kaum oder gar nicht sehen können, lesen mit den Händen.

Louis Braille

Ein Jugendlicher erfindet die Blindenschrift

Louis Braille wurde 1809 bei Paris geboren.
Mit drei Jahren hatte er einen Unfall und erblindete mit fünf Jahren.
Die Eltern lasen ihm viel vor. Doch er wollte gern selbst Bücher lesen. Seit dem elften Lebensjahr probierte er, eine Schrift für Blinde zu erfinden.
Mit 16 Jahren fand er die Lösung, eine Punktschrift.
Er hatte sich ein Schriftmuster mit sechs Punkten ausgedacht.
Auf jedem Muster machte er einige Punkte für die Finger fühlbar. So konnte er alle Buchstaben des Alphabetes abbilden.

Brailles Punktschrift wird bis heute verwendet.
Auch an besonderen Computern kann man in Punktschrift schreiben.

MITMACHEN UND NACHDENKEN

2 Wozu werden die Hilfsmittel für die Augen genutzt?

3 Versuche, diesen Satz zu „lesen“.

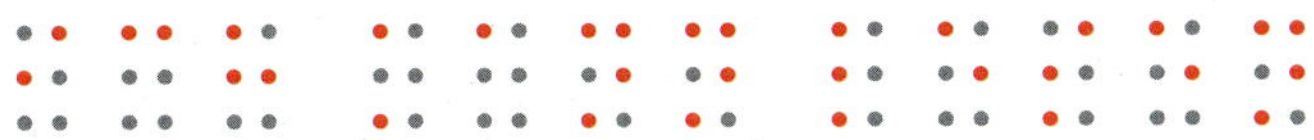

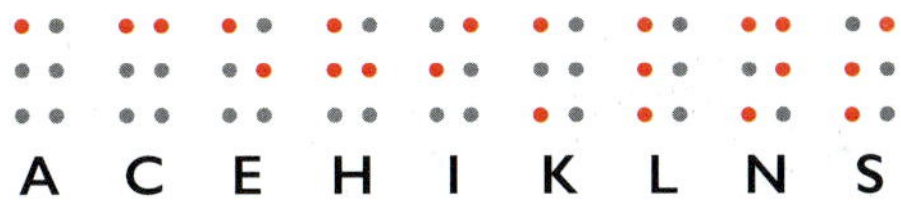

4 Schließe deine Augen für einen Moment.
Stell dir vor, du gehst ohne zu sehen nach der Schule nach Hause und verbringst deinen Nachmittag.

Mit den Ohren kann ich hören

1 Lest den Text mit verteilten Rollen.
Alle zeigen auf die Teile des Ohres in der Abbildung.

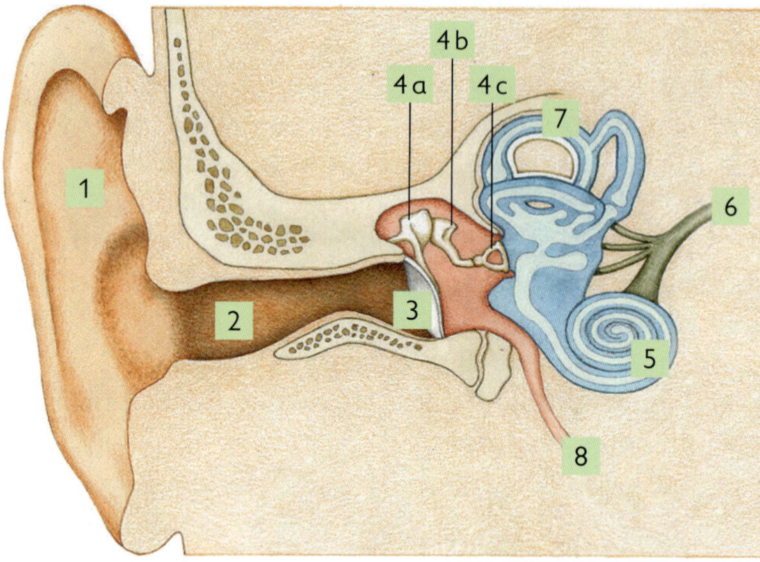

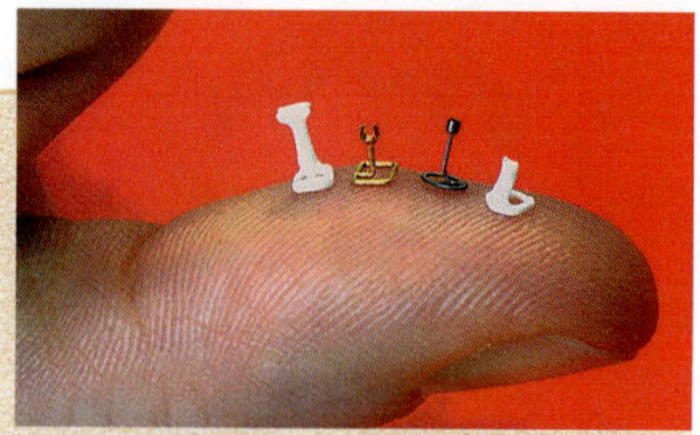

So klein sind Gehörknöchelchen.

1	Die Ohrmuschel	fängt Schall auf. Das können Geräusche, Klänge, Töne oder ein Knall sein. Sie ist aus Knorpel und elastisch.
2	Der Gehörgang	enthält Ohrenschmalz, das Schmutz und Staub bindet und so den Gehörgang sauber hält.
3	Das Trommelfell	ist eine dünne Haut. Wenn Schall auf diese Haut drückt, beginnt sie zu schwingen.
4	Drei Gehör-knöchelchen	Hammer (4a), Amboss (4b) und Steigbügel (4c) leiten die Schwingungen des Trommelfells weiter.
5	Die Schnecke	ist das eigentliche Hörorgan. Im knöchernen Teil sitzt der Hörnerv, der durch Schwingungen gereizt wird.
6	Der Hörnerv	überträgt Reize vom Ohr zum Gehirn, du reagierst: zum Beispiel stellst du Musik leiser, die dich stört.
7	Das Gleich-gewichtsorgan	hilft dir, das Gleichgewicht zu finden, nachdem du dich schnell gedreht hast oder wenn der Fahrer im Auto plötzlich die Fahrt beschleunigt.
8	Die Ohrtrompete	verbindet das Mittelohr mit dem Nasenraum. So kannst du Druck im Ohr durch Schlucken oder Gähnen ausgleichen: zum Beispiel in einem startenden Flugzeug oder unter Wasser.

Was die Ohrmuschel kann

EXPERIMENT

Ihr braucht:
einen Wecker, einen Stift
und Papier für ein Hörrohr

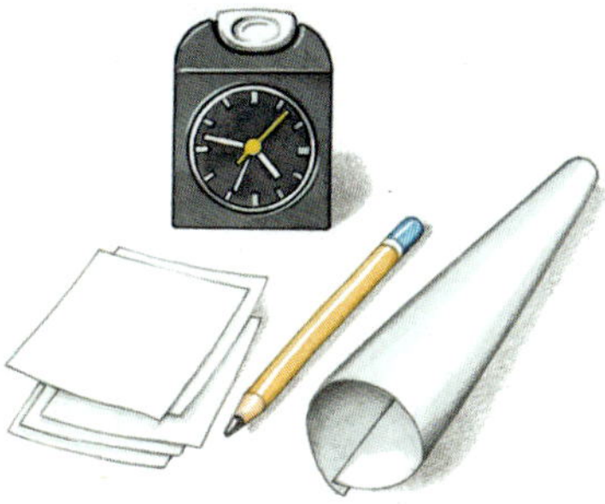

Geht so vor:
Hört auf das Ticken des Weckers.

- Drückt die Ohren mit den Zeigefingern nach vorn und nach hinten an den Kopf.
- Legt die Hände hinter die Ohren.

- Legt die Hände vor die Ohren, dreht die Handflächen den Ohrmuscheln zu.
- Richtet ein Ohr zum Wecker, legt das Hörrohr an die Ohrmuschel.

Beschreibt eure Empfindungen.
Findet eine Erklärung.

Wie das Trommelfell arbeitet

EXPERIMENT

Du brauchst:
Plastikbecher,
Schere,
Gummiring,
Luftballon,
Kümmelkörner

Gehe so vor:

- Stich ein Loch in den Becher.
- Spanne mit Gummiringen ein Stück Luftballon über die Öffnung.

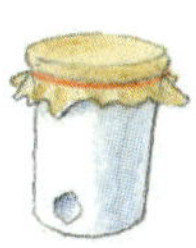

- Lege Kümmelkörner auf die Luftballonhaut („Trommelfell“).
- Forme mit der Hand ein Sprachrohr und sprich in das Loch.

Was beobachtest du? Erkläre.

MITMACHEN UND NACHDENKEN

2 Beschreibe den Hörvorgang.

3 Manche Menschen können schwer hören.
Informiere dich über „Schwerhörigkeit“.
Berichte den anderen.

Sich schützen und selbst helfen

Augen, Ohren, Nase, Zunge und Haut sind sehr empfindliche **Sinnesorgane**.
Auf sie musst du achten und sie schützen.

1 Sprich zu den Bildern: Worauf sollten die Kinder achten?

Tipps zum Schutz der Sinnesorgane

1 

Schau nie in die grelle Sonne, auch nicht mit einer Sonnenbrille. Halte spitze Gegenstände oder gefährliche Flüssigkeiten von den Augen fern.

2 

Schütze deine Haut vor Sonne, Kälte und Hitze. Benutze im Sommer Sonnencreme, im Winter Handschuhe und warme Schuhe. Halte Abstand zu heißen Gegenständen, gefährlichen Flüssigkeiten und zu Dampf.

3 

Iss und trinke nicht zu heiß, zu kalt und zu scharf. Nimm nie gefährliche Gegenstände oder Flüssigkeiten in den Mund. Pass auf, dass Wespen oder Bienen nicht mit Getränken oder Speisen in deinen Mund gelangen.

4 

Rieche nicht an gefährlichen Flüssigkeiten. Halte spitze oder scharfe Gegenstände von der Nase fern. Vermeide Erkältungen.

5 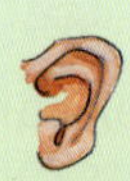

Höre Musik nicht zu laut. Schütze deine Ohren vor lauten Geräuschen. Gehe Lärm aus dem Weg. Stecke keine Gegenstände ins Ohr.

Sich selbst helfen bei kleinen Verletzungen

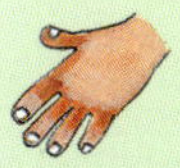

Verbrennung
- verbrannte Stelle unter kaltes Wasser halten

Fliege, Sand, Wimper im Auge
- vorsichtig mit Wasser ausspülen oder
- zur Nase hin mit sauberem Taschentuch herauswischen

Sonnenbrand
- Schatten aufsuchen, ins Haus gehen
- mit feuchtem Tuch kühlen
- kalt duschen

Verbrühung durch heiße Getränke
- sofort ein kaltes Getränk trinken

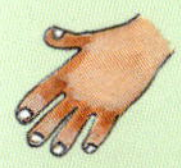

Verätzung durch gefährliche Stoffe
- betroffene Hautstellen sofort mit viel Wasser gründlich abspülen
- das verletzte Auge öffnen, vorsichtig mit lauwarmem Wasser ausspülen

Nasenbluten
- hinsetzen, Kopf leicht nach vorn beugen
- Taschentuch unter die Nase halten
- kalten Waschlappen 5 bis 15 Minuten in den Nacken legen

MITMACHEN UND NACHDENKEN

2 Du willst im See baden und dich dann sonnen. Wie schützt du dabei deine Sinnesorgane? Erzähle.

3 Bei schweren Verletzungen wähle den Notruf 112! Besprecht: Was sagt ihr am Telefon?

4 Spielt „Ich packe meinen Koffer" rund um die Sinne: „Ich lege etwas Grünes hinein. Das schmeckt süß!"

LEICHTER LERNEN

Sich Bilder zu Texten vorstellen

Lies einen Text, zum Beispiel zum „Sonnenbrand".
- Stelle dir die Situation in Bildern vor. Nutze dabei auch eigene Erfahrungen.
- Erzähle, was du dir dazu vorgestellt hast.

Unsere Sinne

1 Wähle Aufgaben aus. Forsche nach.

1 Gucklochkarte

Bastle dir eine Gucklochkarte:

- Blatt falten

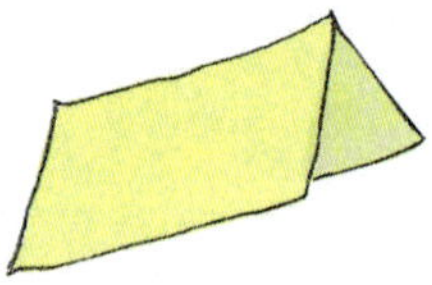

- mit Schere kleinen Halbkreis einschneiden

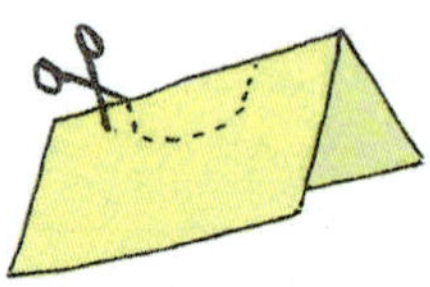

- Fertig!

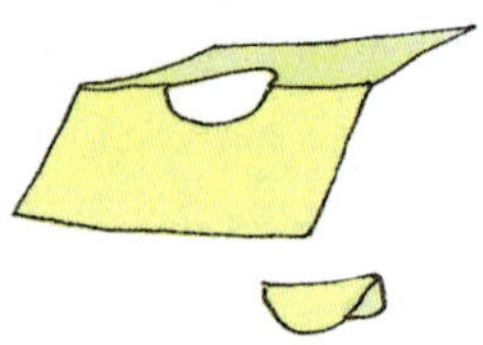

Die Gucklochkarte hilft dir, einen Ausschnitt eines Bildes genau zu betrachten.

2 Fußtastkasten

Sammelt verschiedene Gegenstände für den Fußtastkasten.
Verbindet einem Kind die Augen.
Legt jetzt verschiedene Gegenstände in den Kasten.
Das Kind soll nun mit den Füßen
die Gegenstände und ihre Eigenschaften ertasten:
Der Gegenstand ist weich …
Es fühlt sich an wie …

Das tut mir gut

Welche Nahrungsmittel sind gut für uns?

Das Foto beschreiben; Zusammenhänge zwischen der Frage und der unteren Abbildung herstellen

Essen und trinken

1 Ein Selbsttest: Beantworte die Fragen.

Was esse ich zum Frühstück?

Genieße ich mein Essen?

Esse ich frische Lebensmittel?

Weiß ich, was gesund ist und was nicht?

Informiere ich mich über Lebensmittel?

Was trinke ich?

2 In einer Grundschule wurden 100 Kinder zu ihrem Schulfrühstück befragt. Betrachtet das Diagramm. Was sagt es aus?

Das Schulfrühstück von 100 Schulkindern

LEICHTER LERNEN

Über Inhalte diskutieren

- Notiere Antworten zu Fragen, zum Beispiel zu deinem Selbsttest.
- Diskutiert über eure Antworten.
- Du erweiterst dadurch dein Wissen über Themen, zum Beispiel „Gesunde Ernährung".

Das eigene Essverhalten reflektieren,
ein Diagramm zum Thema „Schulfrühstück" auswerten

Um zu leben, brauchst du **Nährstoffe** und Flüssigkeit. Du würdest sonst verhungern oder verdursten. Durch Nährstoffe und Flüssigkeit erhält dein Körper Energie. Nahrung enthält auch Vitamine und Mineralstoffe, zum Beispiel Vitamin C und Salz. All diese Stoffe sorgen dafür, dass dein Körper gesund bleibt.

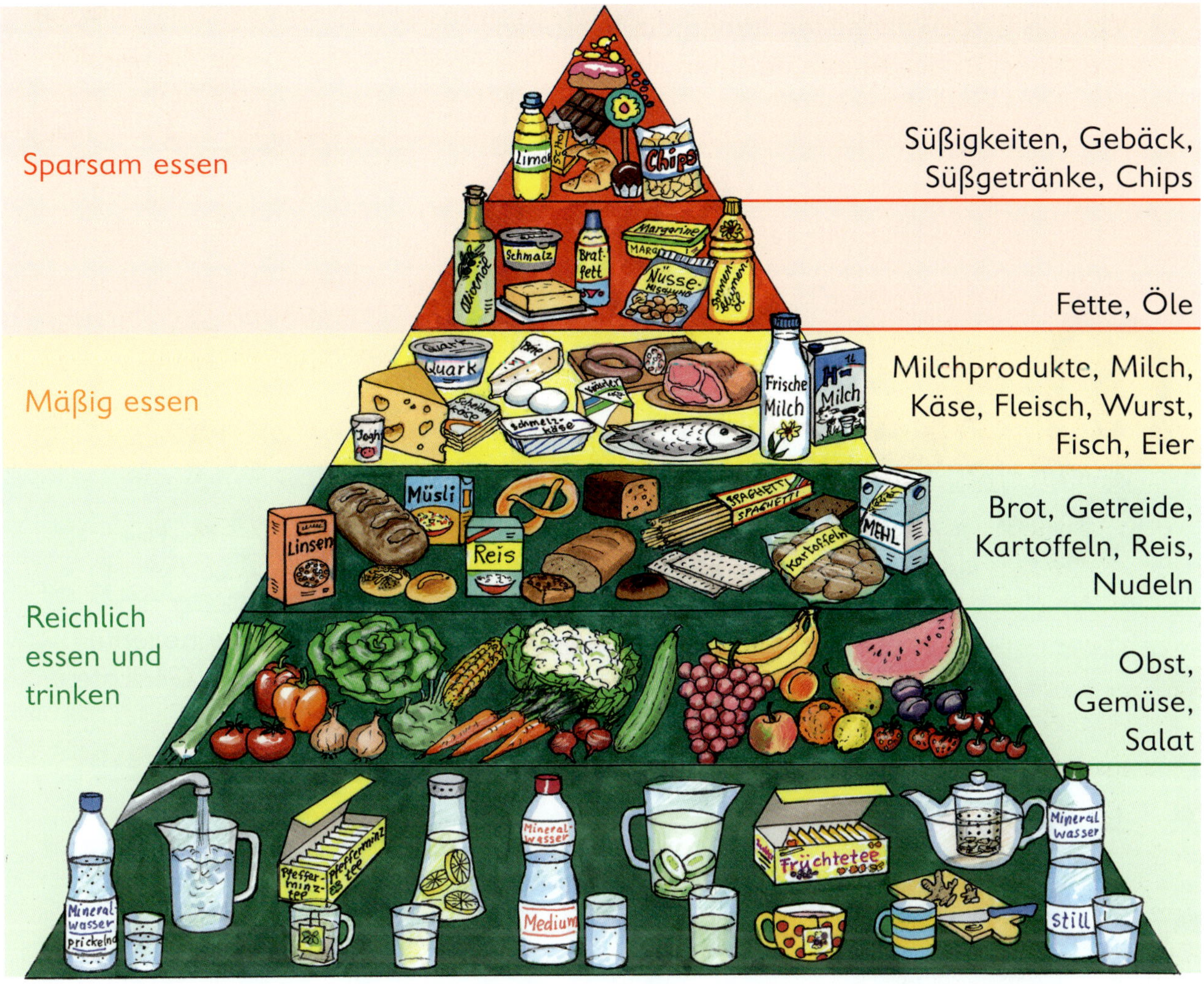

Die **Lebensmittel-Pyramide** hilft dir, dich gesund zu ernähren.
Wie eine Ampel zeigt sie an, was du beachten musst.
Je breiter eine Stelle der Pyramide ist, desto wichtiger sind die Lebensmittel für deine Ernährung.

MITMACHEN UND NACHDENKEN

3 Führt in der Klasse auch eine Befragung zum Schulfrühstück durch. Gestaltet ein Diagramm und wertet es aus.

4 Betrachte die Lebensmittel-Pyramide. Welche Nahrungsmittel sollst du sparsam, welche mäßig und welche reichlich essen? Begründe.

AH S. 36/37 **S. 4, S. 16**

Ernährung und Gesundheit

Was und wie wir essen, ist wichtig für unser Wohlbefinden und unsere Gesundheit.
Schlechte **Essgewohnheiten** können zu **Fehlernährung** und zu Krankheit führen

1 Welche Essgewohnheiten haben die Personen? Diskutiert in der Klasse darüber.

Tipps zur gesunden Ernährung und Bewegung:

Ich sammle Rezepte für gesunde Gerichte.

Die Augen essen mit.

Nach einem üppigen Essen etwas laufen oder Rad fahren.

Essgewohnheiten und mögliche Fehlernährung als solche erkennen, sich Folgen von Fehlernährung durch Bilder und Texte bewusst machen

Tipps zur gesunden Ernährung und Bewegung:

Gemeinsam kochen macht Spaß.

Mal ein Stück Schokolade genießen macht gute Laune.

Eine neue Sportart ausprobieren hält fit.

LEICHTER LERNEN

Wissenslücken füllen

- Sprecht in Gruppen zu den Bildern.
- Sucht zusätzliche Informationen in Medien.
- Fasst eure Informationen in einer Tabelle zusammen.

MITMACHEN UND NACHDENKEN

2 Ergänzt die Tipps zur gesunden Ernährung und Bewegung.

3 Berichtet, wie ihr auf eine gesunde Ernährung achtet.

Tipps für deine Gesundheit

1 Bildet Gruppen. Jede Gruppe liest einen Tipp und stellt die Ergebnisse vor.

Krankheiten kündigen sich meist vorher an,
der Arzt sagt: Es gibt „**Symptome**“.
Du frierst, hast gar Schüttelfrost. Du fühlst dich schwach oder hast Schmerzen. Das Essen schmeckt nicht. Manchmal verändert sich auch die Haut – sie juckt oder du bekommst Pusteln.
So wehrt sich der Körper gegen die Krankheit, bei manchen Menschen zeigt sich Fieber.
Bei diesen Krankheitsanzeichen sofort zum Arzt!

Essen und Trinken sind wichtig für unsere Energie und unsere Gesundheit. Doch nicht alles, was schmeckt, ist auf die Dauer gesund. Deshalb solltest du dich über gesunde Ernährung informieren.
Vier Gefahren gibt es beim Essen:

- zu wenig essen, um schlank zu bleiben,
- zu viel essen,
- sich einseitig ernähren,
- sich ungesund ernähren, nur Kartoffelchips Tütensuppen oder Cola als Hauptnahrung.

Viele Kinder sitzen zu viel: in der Schule, vor dem Computer, vor dem Fernseher.
Dein Körper braucht aber Bewegung.
Deshalb solltest du als Ausgleich Sport treiben.
Es gibt viele verschiedene Sportarten, die Spaß machen: mit anderen Fußball spielen, schwimmen, Rad fahren, laufen, wandern, skaten, Leichtathletik, Ballett, Bogenschießen, Tischtennis …

Tägliches Waschen, Kämmen und Zähneputzen hilft dir, gesund zu bleiben.
Auch das regelmäßige Wechseln der Kleidung trägt dazu bei.

S. 13

Jeder Tag ist anders. Doch einige Ereignisse kehren immer wieder: die Mahlzeiten, das Schlafen, die Zeiten zum Lernen oder Spielen. Regelmäßigkeit gliedert deinen Alltag, macht ihn übersichtlicher und du kannst dich daran orientieren. Hast du eine wiederkehrende Sache, die dir den Tag verschönert? Zum Beispiel vor dem Schlafengehen in einem Buch lesen.

Freundinnen und Freunde sind wichtig fürs Leben. Mit ihnen kannst du den Tag verbringen, spielen, ins Kino gehen. Du kannst sie um Rat fragen, dich mit ihnen streiten und wieder vertragen. Ihr könnt euch gegenseitig trösten und helfen. Mit Freunden hast du Gemeinsamkeiten, aber ihr seid auch unterschiedlich. In einer Freundschaft werdet ihr euch nicht immer einig sein, aber Freundinnen und Freunde bieten dir Unterstützung und Halt in schwierigen Situationen.

Alkohol kann einen lustig werden lassen – jedenfalls fürs Erste. Am Anfang trinkt man nur wenig, dann ein bisschen mehr und schließlich wird es zur Gewohnheit, Alkohol zu trinken. Am Ende kann man vom Alkohol nicht mehr lassen. Dann ist man süchtig. Und meist merkt die betroffene Person es gar nicht gleich. Es gibt noch viele andere Süchte: Spielsucht am Computer, Handysucht, Naschsucht, Fernsehsucht, Magersucht. Wer süchtig ist, ist krank.

MITMACHEN UND NACHDENKEN

2 Stelle eine Liste zusammen, was du zur Körperpflege brauchst.

3 Womit könntest du deiner besten Freundin oder deinem besten Freund eine Freude machen? Überlege dir etwas, das kein Geld oder nur wenig Geld kostet.

Lebensmittelexperte werden

1 Wähle eine Aufgabe aus. Forsche nach und berichte.

1 Meine Ernährungssäulen

Was ist für eine gesunde Ernährung wichtig?
Gestalte dazu ein Blatt und baue daraus eine „Ernährungssäule".

1. Du brauchst:

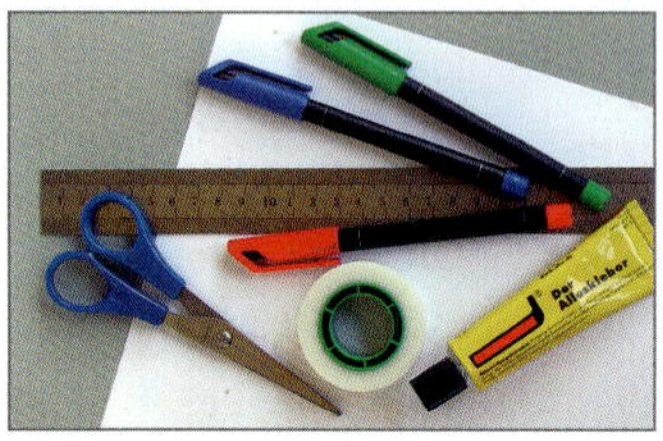

2. Male, schreibe und klebe auf das Zeichenblatt.

3. Rollt die Zeichenblätter zu Säulen.
Stellt alle Säulen im Klassenzimmer auf.

Betrachtet alle Ernährungssäulen.

2 Informationen finden und verstehen

Auf Verpackungen von Lebensmitteln sind Informationen zu finden, zum Beispiel:

- zum Namen des Lebensmittels
- zu den Inhaltsstoffen
- zur Haltbarkeit
- zum Hersteller

Schreibe von einem verpackten Lebensmittel Informationen ab.
Forsche nach, was du nicht verstehst.
Frage Experten oder lies im Internet nach.

Weizenkleingebäck zum Fertigbacken

ZUTATEN:

Weizenmehl, Wasser, Hefe, jodiertes Speisesalz (Speisesalz, Kaliumjodat), Backmittel (Dextrose, Emulgator: E472e; **Weizenmehl**, Rapsöl), Säureregulator Natriumacetate.

DURCHSCHNITTLICHE NÄHRWERTE	pro 100 g	pro Brötchen (50 g)	%RM* pro Brötchen (50 g)
Brennwert kJ/kcal	1053/248	527/124	6 %
Fett	1,0 g	0,5 g	<1 %
davon: - gesättigte Fettsäuren	0,5 g	0,3 g	1 %
Kohlenhydrate	49,9 g	25,0 g	10 %
davon: - Zucker	3,1 g	1,6 g	2 %
Eiweiß	8,7 g	4,4 g	9 %
Salz	1,3 g	0,63 g	10 %

* Referenzmenge für einen durchschnittlichen Erwachsenen (8400 kJ / 2000 kcal)

Brötchen, 300 g: 6 Brötchen à 50 g

F101-017-06

„Ernährungssäulen" bauen; die Kennzeichnung von Lebensmitteln an einem Beispiel erfassen, die Bedeutung für den Verbraucher einschätzen

Wir kaufen ein

Wie kaufen wir ein?

Das Foto beschreiben; Zusammenhänge zwischen der Frage und der unteren Abbildung herstellen

Wo wir einkaufen

1 Besprecht: Warum kaufen die Personen in den verschiedenen Einkaufsstätten ein?

Wochenmarkt

Bäckerei (Einzelhandelsgeschäft)

Kiosk

Unterschiede und Gemeinsamkeiten von Wochenmarkt, Einzelhandelsgeschäft, Kiosk, Bioladen und Online-Shopping beschreiben

Bioladen

Supermarkt

Online-Einkauf

MITMACHEN UND NACHDENKEN

2 Womit transportieren die Menschen ihre Einkäufe nach Hause? Diskutiert die verschiedenen Möglichkeiten.

3 Wo könnt ihr in der Umgebung einkaufen? Zeichnet einen Plan. Beschriftet ihn.

Unterschiedliche Wege zum Einkaufen und vielfältige Möglichkeiten des Transportes des Eingekauften durch Bilder und Texte herausarbeiten

S. 14/15

Im Supermarkt

Die meisten unserer Nahrungsmittel kaufen wir schnell und günstig in einem Supermarkt. Jeder Supermarkt hat verschiedene **Abteilungen**, in denen jeweils eine **Warengruppe** zu finden ist. Die Geschäfte sind alle auf ähnliche Art eingerichtet. Hier findest du einige Tricks, die verführen sollen, mehr als geplant einzukaufen.

1 Lies zuerst die Überschriften.
Vermute, wie der Verkaufstrick funktioniert.

Durch den ganzen Markt

Artikel des täglichen Bedarfs wie Obst, Saft, Milch oder Brot sind über den gesamten Supermarkt verteilt. So müssen wir Kunden an fast allen Regalen vorbei. Wir greifen öfter zu, auch wenn der Artikel nicht auf dem Einkaufszettel steht.

Das hält auf – Obst und Gemüse am Anfang

Obst und Gemüse sind häufig am Eingang zu finden. Durch Spiegel über den Früchten wird das Gefühl erzeugt, dass das Angebot riesig ist. Die Auswahl braucht also Zeit. So werden wir direkt am Anfang aufgehalten und gehen nicht schnell durch den Laden. Die kräftigen Farben regen außerdem den Appetit an.

Musik und Beleuchtung

Wo es gemütlich ist, hält man sich gern auf. Deshalb spielen viele Supermärkt leise Musik aus Lautsprechern. Im ganzen Laden ist das Licht hell und angenehm.
Jede Abteilung hat eine besondere Beleuchtung. Zum Beispiel ist in der Fleischabteilung rotes Licht, damit das Fleisch besonders frisch wirkt. Beim Obst und Gemüse ist das Licht hell und warm.

Artikelsortimente im Supermarkt erfassen, Aufbau und Technik des Marktes an ausgewählten Beispielen kennenlernen

Die Regale

Waren, die wir häufig brauchen und sowieso kaufen, sind in den unteren und oberen Regalen zu finden. Fachleute sagen dazu „Bück- und Reckzone“. In bequemer Griffhöhe stehen zum Beispiel Neuheiten. Am meisten werden Produkte in der „Sichtzone“, also in Augenhöhe, beachtet. Dort stehen die teuersten Waren.

Die Stopper

Damit die Kunden nicht zu schnell durch den Markt eilen, stehen „Stopper“ in den Wegen. Das sind zum Beispiel Paletten mit Sonderangeboten. Wir greifen schnell zu und kaufen etwas, das nicht auf unserem Einkaufszettel steht.

Die Kassenzone

In der Kassenzone stehen kleine Produkte wie Süßigkeiten und Zeitschriften, die vor allem Kinder anlocken. So wird die Wartezeit in der Kassenschlange verkürzt. Weil es kleinere Packungen sind, scheinen sie auch günstiger zu sein.

MITMACHEN UND NACHDENKEN

2 Gehe in einen Supermarkt. Wähle eine Aufgabe aus. Berichte in der Klasse.

- Notiere die Reihenfolge der Abteilungen. Du kannst auch einen Plan zeichnen.
- Welche Nahrungsmittel findest du in welcher Abteilung? Was fällt dir auf? Notiere die Beobachtungen in einer Tabelle.
- Achte beim Besuch auf die beschriebenen Tricks. Was konntest du beobachten?

Einflüsse der Marktgestaltung auf unser Kaufverhalten an exemplarischen Beispielen erfassen, Erkundung eines Supermarktes planen und durchführen

S. 2/3, S. 14/15

Wie und was wir einkaufen

Wir kaufen ein, was auf dem Einkaufszettel steht ... Stimmt nicht ganz. Forscher haben herausgefunden, dass unsere Kaufentscheidungen von vielen weiteren Dingen beeinflusst werden:

- vom Aussehen und der Verpackung
- vom Preis
- von der Marke und dem Hersteller
- von der **Qualität**
- von unserer **Gewohnheit**
- von der Werbung

1 Besprecht: Warum kauft die Familie die verschiedenen Produkte ein? Ordnet jeder Sprechblase eine Kaufentscheidung zu.

Einflüsse auf unser Kaufverhalten bewusst wahrnehmen: Werbung, Trend, Qualität, Preis usw.; Kaufkriterien und Produktauswahl miteinander in Verbindung bringen

Unsere Kaufentscheidung wird oft durch Werbung beeinflusst.
Die Werbemacher wollen erreichen, dass möglichst viele Menschen ein bestimmtes Produkt kennen und kaufen.
Dafür stellen sie die Vorzüge des Produkts in den Vordergrund. Nachteile werden verschwiegen.

Werbung entdeckst du überall.

Wer weiß, was Werbung will und wie sie das erreicht, kann sie besser verstehen.
Dabei helfen Fragen:

- Wofür wird geworben?
- Wo wird geworben?
- Wie wird geworben?
- Erfahre ich etwas über Vorteile und Nachteile des Produkts?
- Brauche ich das Produkt wirklich?
- Was kostet es?
- Ist vielleicht ein anderes Produkt günstiger zu kaufen?

INTERESSANT

- In Deutschland werden viele Milliarden Euro für die Werbung ausgegeben.
- In der Werbung arbeiten in Deutschland fast eine Million Menschen.
- Wer täglich eine Stunde fernsieht, schaut in einem Jahr fast 500 Werbefilme.

MITMACHEN UND NACHDENKEN

2 Betrachte die Werbung auf dieser Seite. Wo wird geworben?

3 Warum entscheidet sich deine Familie beim Einkauf für bestimmte Produkte?

4 Suche dir ein Produkt aus. Sammle eine Woche lang jede Werbung für dieses Produkt. Du kannst fotografieren, ausschneiden, schreiben.

Ausgewählte Werbung verstehen und bewusst wahrnehmen; Kaufentscheidungen der eigenen Familie vor dem Hintergrund des erworbenen Wissens bewerten

AH S. 40/41

S. 4

Mit Geld bezahlen

Alle Produkte im Supermarkt müssen bezahlt werden.
An der Kasse wird der Strichcode,
der auf jedem Produkt ist, gescannt.
So erfasst die Kasse den Preis des Produkts
und rechnet am Ende die Gesamtsumme aus.

Alle Waren, aber auch **Dienstleistungen** wie zum Beispiel
die Arbeit der Kassiererin im Supermarkt, haben einen Wert.
Deshalb bezahlen wir dafür einen bestimmten Preis,
der sich aus vielen Einzelheiten zusammensetzt.

Strichcode
auf der Rückseite
einer Verpackung

1 Das Schaubild zeigt, was alles geschieht,
bevor wir Milch im Supermarkt kaufen können.
Erkläre das Schaubild mit eigenen Worten.

Frischmilcheinkauf – im Preis stecken Kosten ...

1

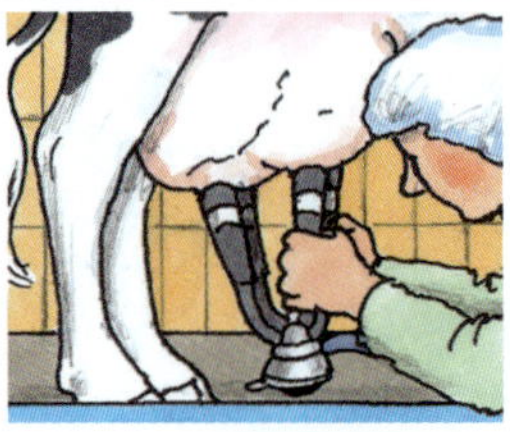

für den Landwirtschaftsbetrieb und die Arbeitskräfte

2

für den Transport zur Molkerei und die Arbeitskräfte

3

für die Molkerei und die Arbeitskräfte

4

für die Verpackung und die Arbeitskräfte

5

für die Lagerung und die Arbeitskräfte

6

für den Supermarkt und die Arbeitskräfte

Erfassen, dass Waren und Dienstleistungen einen Wert haben, Bezahlmodelle früher (tauschen) und heute (bezahlen mit Münzen, Scheinen, Plastikgeld) verstehen

Vom Tauschen zum Geld

Bevor es Münzen und Papiergeld gab, tauschten die Menschen gegenseitig Waren oder Dienstleistungen. Sie brauchten kein Geld. Das war aber sehr unpraktisch. Sachen mussten hin und her getragen werden. Die ersten Münzen wurden etwa 650 Jahren vor unserer Zeitrechnung erfunden, also vor zirka 2600 Jahren.

INTERESSANT

Vor langer Zeit tauschten die Menschen Waren:
- ein Sack Hirse gegen eine Ziege
- Reis gegen Lederschuhe
- Pfeffer gegen frisches Fleisch
- Arbeit auf dem Land gegen Eier

Heute bezahlen wir mit Münzen und Geldscheinen. Das nennt man Bargeld. Wir können auch mit einer Bankkarte, also bargeldlos mit „Plastikgeld“ bezahlen. Dann ist die gezahlte Summe nur noch als Zahl auf dem Konto zu lesen. Mit dem Geld, das Erwachsene durch ihre Arbeit verdienen oder als **Grundsicherung** bekommen, kann jeder Waren oder Dienstleistungen kaufen. Sie werden „gegen Geld getauscht“. Ein Leben ohne Geld ist heute kaum möglich.

Was du mit Geld alles machen kannst

Viele Kinder bekommen Taschengeld oder Geldgeschenke zu bestimmten Anlässen. Damit können sie sich kleine Wünsche erfüllen, für einen größeren Wunsch sparen oder ...

kaufen sparen schenken spenden leihen

MITMACHEN UND NACHDENKEN

2 Bringe ein Spielzeug mit, das du gern gegen ein anderes tauschen möchtest. Berichte, warum du es tauschen willst. Findest du einen Tauschpartner?

3 Warum kostet eine Markenjeans mehr als eine **No-Name**-Jeans?

Einen Einkauf transportieren und auspacken

1 Sammelt Argumente für und gegen die Benutzung von:
- Plastiktüten,
- Papiertüten
- und Stoffbeuteln

für die Einkäufe aus dem Supermarkt.

INTERESSANT

- Zurzeit verbraucht jeder Europäer im Durchschnitt 198 Plastiktüten pro Jahr, in Deutschland sind es 71.
- Pro Jahr fallen in Deutschland rund 17 Millionen Tonnen Verpackungsmüll an.

Viele Verpackungen von Waren haben nützliche und notwendige Funktionen:
- Verpackungen schützen die Waren.
- Verpackungen machen den Transport erst möglich, zum Beispiel Flüssigkeiten in Flaschen.
- Auf Verpackungen werden Informationen über die Waren gegeben.

Verpackungen sind manchmal aber nicht nötig:
- Auf der Verpackung steht nur Werbung.
- Tuben, wie Zahnpastatuben, werden häufig noch umverpackt. Das bedeutet, sie stecken nochmals in einem Karton.

2 Schau dir den nächsten Einkauf deiner Familie genauer an:
- Aus welchen Materialien sind die Verpackungen?
- Ist die Verpackung notwendig?
- Was fällt an der Verpackung auf?

Stelle die Ergebnisse in der Klasse vor.

Vor- und Nachteile von verschiedenen Einkaufsbehältern erfassen; Verpackung von Waren als notwendig und nützlich (Schutz, Hygiene usw.) oder als überflüssig erkennen

Nicht immer kann Verpackungsmüll vermieden werden.
Der Verpackungsmüll sollte aber getrennt gesammelt werden.
So können **Rohstoffe** wiederverwertet werden.
Die Wiederverwertung nennt man Recycling.

Wohin mit dem Verpackungsmüll?

Wertstoffe

Gelbe Tonne

alle Verpackungen aus Metall, Kunststoff und Verbundmaterialien aus Papier, Kunststoff und Aluminium

Altpapier

Blaue Tonne

sauberes und fettfreies Papier, Pappe und Karton

Glas

Farbige Container

saubere Gläser und Flaschen in verschiedenen Farben

Restmüll

Graue Tonne

Abfälle, die nicht für die Wertstoffcontainer bestimmt sind

Müll verbrennen und die gewonnene Energie nutzen

LEICHTER LERNEN

Fachbegriffe sammeln

- Schreibe die Wörter auf und erkläre sie. Nutze dafür kleine Karteikarten.
- Sortiere die Karten nach dem Alphabet.
- Du kannst jederzeit nachlesen.

MITMACHEN UND NACHDENKEN

3 In welche Tonnen gehören Brötchentüten, Saftflasche, Schokoladenpapier, Milchkartons und Konservendosen?

4 Erforsche an einem Beispiel genauer, wie die gesammelten Stoffe wiederverwertet werden.

Rund um Einkauf, Werbung und Geld

1 Wähle Aufgaben aus. Forsche nach.

1 Schon wieder so viel eingekauft?

Diskutiert: Wie kann man sich davor schützen, mehr als geplant einzukaufen?

2 Wünsche haben

Jedes Kind hat Wünsche. Führt dazu in der Klasse eine Umfrage durch. Jeder darf drei Wünsche nennen. Ordnet die Wünsche nach:

Wunsch – mit Geld zu erfüllen	Wunsch, der nichts kostet

Tauscht euch dazu aus.

3 Stoffbeutel bedrucken

Ihr braucht:
- Stoffbeutel
- Stoffmalfarben
- Pappe
- Druckstempel
- Bügeleisen

Geht so vor:
- Legt beim Drucken Pappe in den Beutel, damit die Farbe nicht durchdrückt.
- Fixiert nach dem Trocknen die Farbe, indem ihr den Beutel von der Rückseite bügelt. Bittet Erwachsene um Hilfe.

4 Verrottet Müll?

Ihr braucht:
Plastiktüte, Aluminiumfolie, Apfelreste, Radiergummi, Bananenschale, Milchschachtel, Eierkarton, Zeitungspapier, Marmeladenglas, Kaugummi

Geht so vor:
- Vergrabt die Sachen im Schulgelände.
- Malt euch auf ein Blatt, was ihr wo vergraben habt. Notiert euch die Tiefe.
- Grabt die Sachen nach einem halben Jahr wieder aus.

Kaufentscheidungen kritisch hinterfragen; erkennen, dass man sich nicht alle Wünsche mit Geld erfüllen kann; selbst eine umweltfreundliche Einkaufstasche gestalten; für Müllverrottung sensibilisiert sein

S. 4, S. 13

Von Pflanzen und Tieren

Woher kommen unsere Lebensmittel?

Das Foto beschreiben; Zusammenhänge zwischen der Frage und der unteren Abbildung herstellen

Obst aus Brandenburg

In Brandenburg wird viel Obst angebaut.
In manchen Gegenden gibt es große **Obstplantagen**.

1 Welches Obst wird in Brandenburg angebaut? Wertet das Diagramm aus.

Obstanbau in Brandenburg

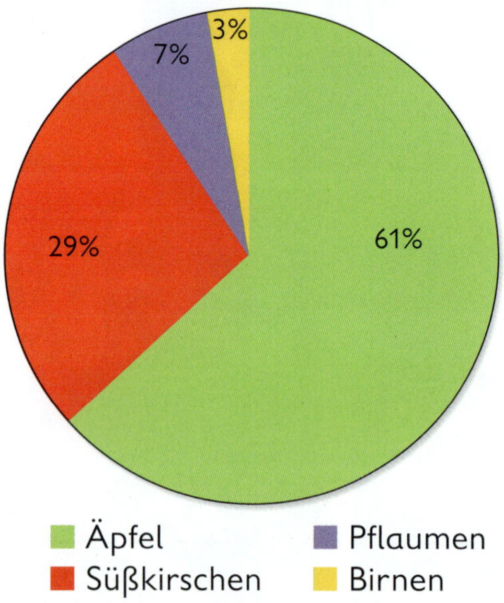

Apfelsorten aus Brandenburg

Es gibt viele Apfelsorten. Sie unterscheiden sich in ihrem Aussehen und ihrem Geschmack. Die Äpfel werden zu verschiedenen Zeiten geerntet. Manche Sorten sollte man gleich essen. Aus anderen Sorten wird Kuchen, Apfelmus oder Saft gemacht.

In Brandenburg angebaute Apfelsorten:

Idared
knackig,
feinsäuerlich

Jonagold
weich,
süßsauer

Pinova
knackig,
süß

Elstar
mittelfest
süß-säuerlich

INTERESSANT

- Äpfel sind die bekannteste und beliebteste Obstsorte in Deutschland.
- 17 kg Äpfel isst jeder von uns pro Jahr.
- Über 20 Apfelsorten sind im Handel erhältlich.
- Äpfel enthalten Vitamine und Mineralstoffe. Die meisten davon stecken direkt unter der Schale.

Aus einer Apfelblüte wird ein Apfel

Ein Apfel ist die Frucht des Apfelbaumes. Er entwickelt sich aus einer Blüte.

Im Frühling blühen die Apfelbäume. Mit den weiß-rosa Blüten locken sie Bienen, Hummeln und andere Insekten an.

Teile einer Blüte

Die Apfelblüte wird bestäubt und befruchtet

Die Biene saugt Nektar aus dem Blütenkelch.

Etwas Pollen bleibt an den Hinterbeinen der Biene hängen.

An der Narbe der nächsten Blüte bleiben einige Pollen kleben.

Der Pollen wächst durch den Griffel bis zum Fruchtknoten.

Ein Pollen verschmilzt mit der Eizelle im Fruchtknoten. Die Blüte ist befruchtet.

Langsam entwickelt sich ein Apfel.

MITMACHEN UND NACHDENKEN

2 Suche an einem reifen Apfel die Reste der „Blüte".

3 Bestimme die Teile einer Apfelblüte. Zerlege sie dazu.

Unser Gemüse

1 Welches Gemüse kennt ihr?
Welches Gemüse habt ihr schon einmal gegessen?

Kohlgemüse

Wurzelgemüse

Zwiebelgemüse

Fruchtgemüse

Blattgemüse

Sprossengemüse

Gemüse kennen

1 Kohlrabi 2 Rotkohl 3 Blumenkohl 4 Rosenkohl
5 Broccoli 6 Karotte 7 Radieschen 8 Rote Beete
9 Meerrettich 10 Zwiebel 11 Knoblauch 12 Tomate
13 Paprika 14 Zucchini 15 Gurke 16 Kürbis
17 Chicorée 18 Kopfsalat 19 Spinat
20 Rucola 21 Kresse 22 Bohnensprosse

Verschiedene Gemüse als Nahrungspflanzen kennen und benennen, die Einteilung des Gemüses in Gruppen aufzeigen

AH S. 44/45, 55

Was Pflanzen zum Wachsen brauchen

Das Wetter bestimmt, wann Gemüsesorten im Freien ausgesät oder ausgepflanzt werden können. Der Boden liefert den Pflanzen **Nährstoffe** zum Wachsen, die sie durch die Wurzeln aufnehmen. Die Pflanzen wachsen besonders gut, wenn sie regelmäßig gegossen werden. Außerdem benötigen sie ausreichend Wärme und Licht. Alle Pflanzen reifen zu unterschiedlichen Zeiten. Die Ernte hängt vor allem vom Anbaugebiet und vom Wetter ab.

Ernte von Gemüse im Freiland

	April	Mai	Juni	Juli	Aug.	Sept.	Okt.	Nov.	Dez.
Möhre									
Gurke									
Tomate									
Kürbis									
Radieschen									
Paprika									

MITMACHEN UND NACHDENKEN

2 Sät Kresse aus. Wann könnt ihr die Kresse ernten?

3 Stellt euch gegenseitig Fragen zur Tabelle „Ernte von Gemüse im Freiland“: Ab wann wird ... ? Wie lange kann ... ?

4 Welches Gemüse wächst über der Erde, welches unter der Erde? Erstellt eine Liste.

Tomaten anbauen – hier und anderswo

Die Tomate gehört zu den weltweit beliebtesten Gemüsesorten.
Sie stammt ursprünglich aus Süd- und Mittelamerika.
Vor über 500 Jahren brachte der italienische Seefahrer Christoph Kolumbus die ersten Tomaten nach Europa. Zuerst waren die Menschen sehr misstrauisch und nutzten die Pflanze nur als Blumenschmuck.

1 Betrachtet die Fotos. Erzählt, was die Kinder tun. Lest dann die Texte.

Aussäen
- im April in einer Aussaatschale
- gleichmäßig feucht halten
- Temperatur im Raum: etwa 22°C

Pikieren
- Pflanzen einzeln in Töpfe setzen, wenn sich zwei Laubblätter gebildet haben
- Topfgröße: 10 cm Durchmesser

Auspflanzen
- Töpfe tagsüber ins Freie stellen (Pflanzen abhärten)
- Auspflanzen, wenn sicher kein Frost mehr zu erwarten ist
- 60 cm Abstand zwischen den Pflanzen einhalten, gleich gut düngen

Pflegen
- Pflanzen düngen, gießen
- Stabtomaten anbinden, Buschtomaten nicht
- Seitentriebe **ausgeizen**, damit große Tomaten wachsen

Wachstumsbedingungen einer Pflanze (Tomate) erkennen, die einzelnen Schritte benennen und möglichst selbst umsetzen

Tomaten aus Spanien

Weil wir gern das ganze Jahr über Tomaten essen möchten, werden sie aus anderen Ländern eingeführt, zum Beispiel aus Spanien. Hauptanbaugebiet für spanische Tomaten ist die Region Almería im Süden des Landes. In über 40.000 Gewächshäusern oder unter Kunststoffplanen werden die Pflanzen angebaut. Dort wachsen sie ganzjährig.

Direkt auf Bestellung erntet man in der Regel nur bereits rote Tomaten. Am Tag der Ernte werden die Tomaten sortiert und für den Versand verpackt. Zwei Tage lang fährt der Kühl-LKW von Spanien nach Deutschland. Hier angekommen, werden die Tomaten zuerst in Kühlhallen gelagert und dann in die Supermärkte geliefert. Zwischen Ernte und Verkauf vergehen ungefähr vier Tage.

Transport von Tomaten nach Deutschland

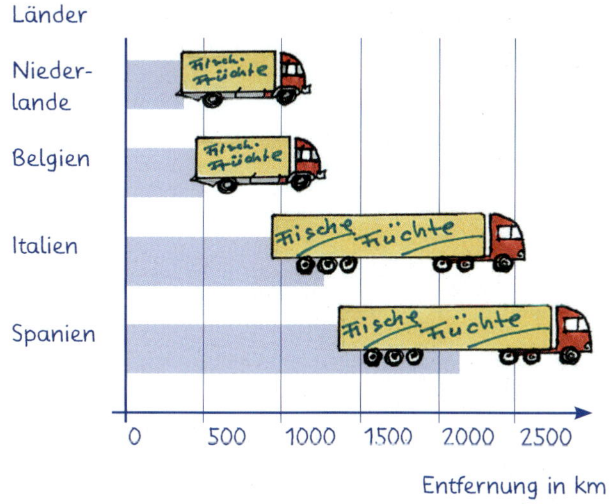

INTERESSANT

In Deutschland reifen Tomaten von Juli bis Oktober im Freiland. Jeder von uns isst pro Jahr im Durchschnitt 8 kg frische Tomaten. Dazu kommen noch 17 kg verarbeitete Tomaten, zum Beispiel in Soßen, Tomatenmark und in **Fast-Food-Produkten**.

MITMACHEN UND NACHDENKEN

2 Vermute: Welche Vor- und Nachteile hat der Anbau von Tomaten bei uns und in Spanien? Werte auch das Schema „Transport von Tomaten nach Deutschland“ aus.

Getreidearten

1 Erkläre das Schema.

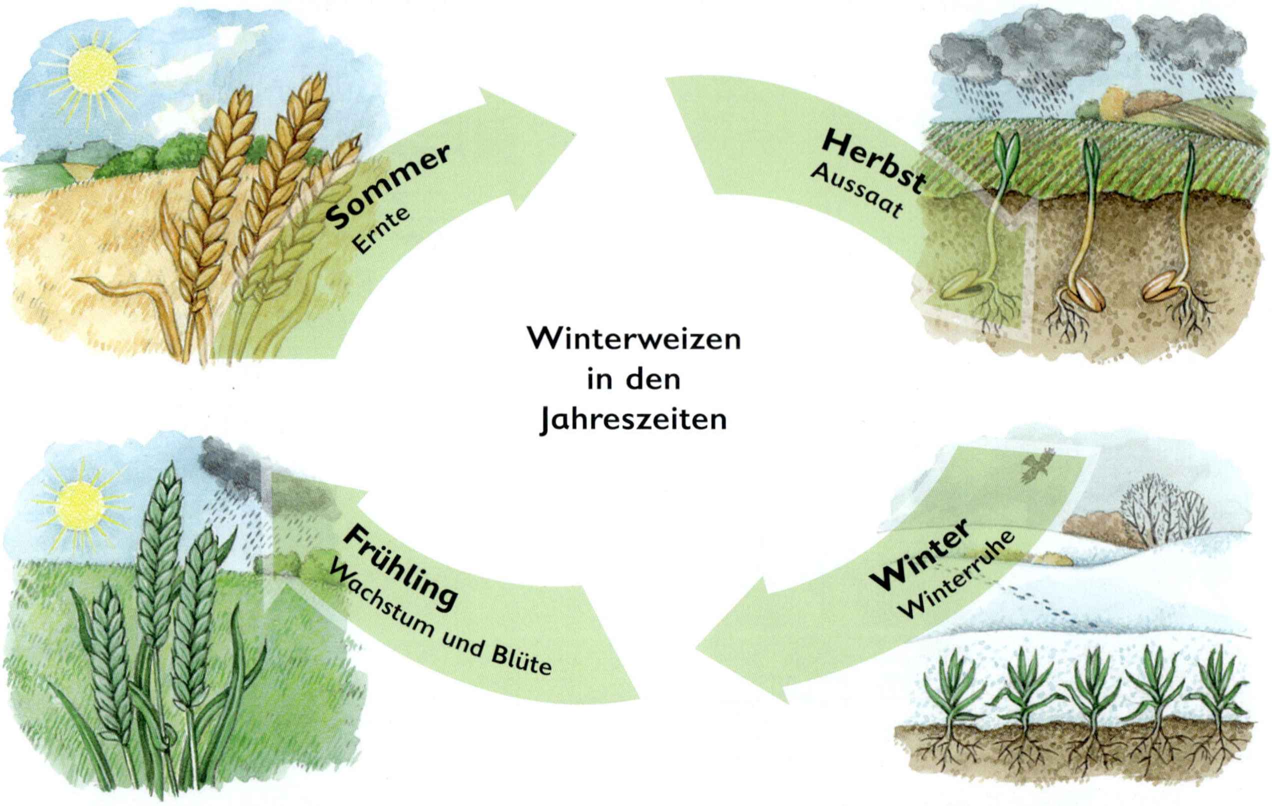

Weizen ist eine Getreidepflanze.
Man unterscheidet Sommer- und Winterweizen.

Sommerweizen wird ab Ende März ausgesät
und im Juli geerntet.

Winterweizen kommt im Herbst in den Boden.
Die Samen keimen und es bilden sich kleine Pflanzen.
Im Winter ruht das Wachstum.
Die Pflanzen vertragen Frost bis –20 °C.

Erst im nächsten Frühjahr wächst die Pflanze.
Sie bildet Blätter und eine Ähre mit Blüten aus.
Nach dem Befruchten der Blüten
entwickeln sich die Körner.
Winterweizen wird von Anfang Juli bis Mitte August
geerntet. Er ist die wichtigste Getreideart und
das wichtigste Brotgetreide in Deutschland.

Weizenpflanze

Getreidearten

Neben Weizen werden bei uns auch andere Getreidearten angebaut:

Weizen	Gerste	Hafer	Roggen	Mais
bis zu 1 m	bis zu 1,2 m	bis zu 1,5 m	bis zu 2 m	bis zu 2,5 m

Die Getreidearten unterscheidet man nach:

- dem Bau ihres Fruchtstandes

Weizen	Roggen	Gerste	Hafer	Mais
Ähre	Ähre	Ähre	Rispe	Kolben

- dem Vorhandensein oder der Länge der Grannen

Die Grannen der Gerste sind etwa 15 cm lang.

INTERESSANT

Alle Getreidekörner (Samen) sehen verschieden aus.

MITMACHEN UND NACHDENKEN

2 Zeichne eine Getreidepflanze. Benenne sie. Beschrifte ihre Teile.

3 Beschreibe und vergleiche die Getreidekörner.

Eier als Lebensmittel

1 Schlage ein Ei vorsichtig auf einem Teller auf.
Suche die Teile, die in der Zeichnung beschriftet sind.

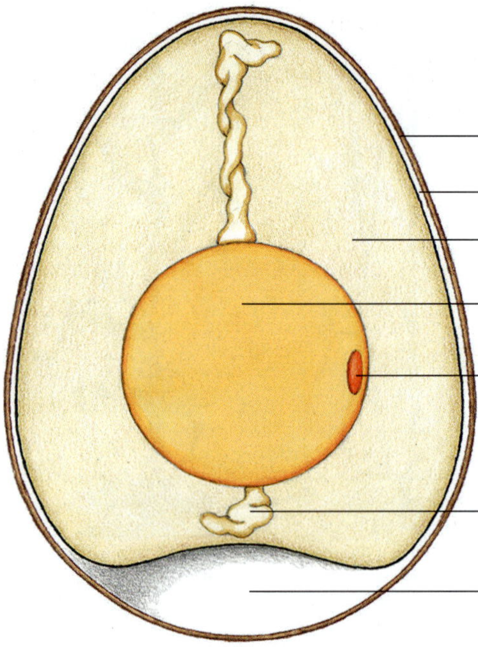

INTERESSANT

Unser Haushuhn stammt vom wild lebenden Bankaviahuhn ab.
Die Bankavia-Henne legte im Jahr nur etwa 12 Eier.

Heute legt eine Henne etwa 280 Eier im Jahr.
Und wir verspeisen im Durchschnitt 217 Eier pro Person und Jahr: als Frühstücksei, als Zutat in Kuchen oder Nudeln …

Eier enthalten wertvolle Inhaltsstoffe, die für unsere Ernährung wichtig sind.
Die Inhaltsstoffe werden uns sogar in einer natürlichen Verpackung geliefert, der Kalkschale mit der Schalenhaut.
Eier – gekocht, gebraten oder in Gerichten verarbeitet – schmecken gut und sind nahrhaft.

Der Inhalt eines Eis ist so nahrhaft, dass sich daraus ein Küken entwickeln könnte.

Aus einem Ei wird aber nur ein Küken, wenn die Keimscheibe im Ei mit dem Samen des Hahnes befruchtet wird.
Eigelb und Eiklar sind dann Nahrung für das heranwachsende Küken.
Die Luftkammer versorgt das Küken anfangs mit Luft.

Am Beispiel von Legehühnern Tiere und Tierprodukte als nützlich für Menschen begreifen, die Inhaltsstoffe eines Eis als wertvolles Nahrungsmittel erkennen

Beim Einkauf von Eiern kann jeder darauf achten, woher die Eier kommen. Ein Stempel auf der Kalkschale gibt die Herkunft an.

Die **erste Zahl** auf dem Stempel gibt an, wie die Hühner gehalten werden:

0 Ökologische Haltung
1 Freilandhaltung
2 Bodenhaltung
3 Käfighaltung
in der **Europäischen Union**

Die **Buchstaben** danach stehen für das Land, aus dem das Ei kommt. Zum Beispiel:

DE Deutschland
DK Dänemark
NL Niederlande
BE Belgien

Die **folgenden Ziffern** sind die Nummern der landwirtschaftlichen Betriebe, in denen die Hühner gehalten werden. Dabei zeigen die ersten beiden Ziffern das Bundesland an. Zum Beispiel:

11 Berlin
12 Brandenburg

Frisch oder alt?
Mit diesem Trick kannst du es schnell herausfinden.

Schwimmt das Ei unten, ist es frisch.

MITMACHEN UND NACHDENKEN

2 Finde heraus, woher die Eier kommen, die ihr eingekauft habt.

3 Begründe: Warum ist die Kennzeichnung von Eiern sinnvoll?

4 Findet heraus: Was bedeutet „ökologische Haltung“, „Freilandhaltung“, „Bodenhaltung“ und „Käfighaltung“?

Der Weg der Milch

1 Beschreibe den Weg vom Milchbauern zum Verbraucher.
Nutze die Fotos und die Texte.

1 Die Milch wird im Kuheuter gebildet. Sie enthält wertvolle Nährstoffe.

2 Die Kühe werden zweimal täglich im Melkstand gemolken.

3 Der Melker reinigt das Euter der Kuh.
Dann hängt er das Melkwerkzeug an die Zitzen.

4 Die gemolkene Milch fließt über Schläuche in einen großen Kühltank.

5 Jeden Tag holt ein Fahrer mit seinem Milch-Tankwagen die Milch ab.
Er bringt sie in eine Molkerei oder in eine Käserei.

Milchkuhhaltung und den Weg der Milch bis zum Verbraucher
durch Bild und Text im Ansatz nachvollziehen

3

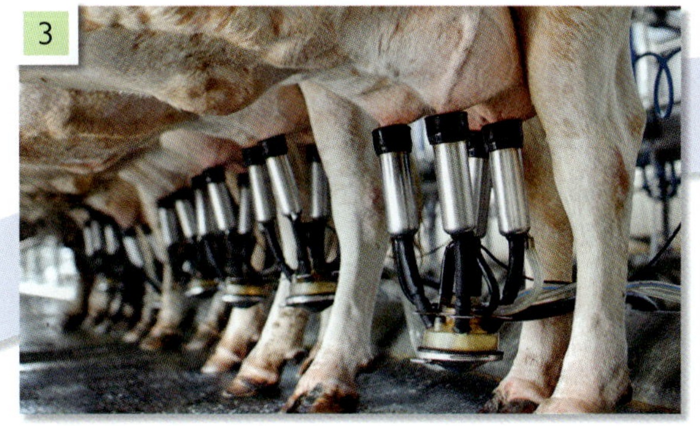

4

9

8

10

6 In der Molkerei wird die Milch kurz erhitzt
und schnell wieder abgekühlt (pasteurisiert).
Außerdem wird sie durch kleine Düsen gepresst (homogenisiert),
damit sich alle Inhaltsstoffe gut vermischen.

7 Die so behandelte Milch kommt in Abfüllbehälter.
Aus der Milch werden auch andere Produkte wie Joghurt, Butter,
Quark und Sahne hergestellt.

8 Käsereien produzieren aus Milch Käse.
Es sind viele Arbeitsschritte notwendig, bis ein Käse entsteht.

9 Bis zum fertigen Käse dauert es oft Wochen und Monate.

10 Aus den Molkereien und Käsereien werden die Produkte zum Großhandel
und dann in die Lebensmittelgeschäfte gebracht.
Dort kaufen wir die Produkte und lassen sie uns schmecken.

Arbeitsgänge auf dem Weg der Milch vom Produzenten zum Verbraucher
über die Fotos und die Texte erfassen

AH S.52 **S. 14/15**

Obst und Gemüse

1 Wähle Aufgaben aus. Forsche nach.

1 Obst und Gemüse aus dem Supermarkt

Schreibe in eine Tabelle zehn Obst- und Gemüsesorten, die im Supermarkt angeboten werden.
Schätze die Transportwege für die angebotenen Waren ein:

- aus der Region: nah
- aus Deutschland: weit
- aus dem Ausland: sehr weit

Obst- und Gemüsesorte	Transportweg
Banane	

Welche Vorteile hat der Kauf von Obst und Gemüse aus der Region?

2 Wir beobachten: Wie wächst eine Feuerbohne?

Ihr braucht:
- Schuhkarton, zwei Pappen, Schere, Klebstoff
- Topf mit eingepflanztem Bohnensamen

Geht so vor:
- Schneidet in die Schmalseite ein kleines Loch.
- Befestigt im Schuhkarton zwei Pappstreifen.
- Stellt einen Topf mit einem frisch gepflanzten und gegossenen Bohnensamen in den Karton. Schließt den Deckel.
- Gießt und beobachtet die Pflanze einmal am Tag.

3 Kräuterquark zubereiten

Zutaten:
- 500 g Quark (Fettgehalt: 20 % Fett)
- Gartenkräuter (Schnittlauch, Schnittknoblauch, Bohnenkraut, Thymian, Petersilie, Dill) oder Tiefkühlkräuter
- Salz, Pfeffer

Zubereitung:
- Wascht die Kräuter ab, tupft sie trocken und schneidet sie in kurze Stücke.
- Rührt die Kräuter mit einer Gabel in den Quark.
- Salzt und pfeffert nach Geschmack.

Transportwege von Obst und Gemüse erfassen und analysieren; einen Versuch zu Wachstumsbedingungen von Feuerbohnen durchführen; selbst eine Speise aus einem Milchprodukt zubereiten

S. 10/11

Zum Nachschlagen

Abfallstoffe S. 62

Unser Körper besteht aus vielen winzigen Zellen, die → Nährstoffe brauchen, um die darin enthaltene Energie zu nutzen. Dabei entstehen Abfallstoffe. Die wichtigsten sind hier → Kohlenstoffdioxid, Harnstoff, Wasser und Salze. Sie werden ausgeschieden, zum Beispiel das Kohlenstoffdioxid über die Lunge. Harnstoff, Wasser und Salze werden beim Harn lassen (pullern) ausgeschieden. Unverdaute Nahrungsreste sind auch Abfallstoffe und werden über den Darm ausgeschieden.

Abteilung S. 90

Das Angebot in einem Supermarkt oder Warenhaus ist in Abteilungen mit ähnlichen Produkten unterteilt. So kann es in einem Supermarkt die Abteilung „Obst und Gemüse" geben und in einem Warenhaus die Abteilung „Kinderbekleidung". Das vereinfacht für die Geschäfte die Organisation und für die Kunden die Suche nach bestimmten Waren.

Altsteinzeit S. 54

Die Steinzeit umfasst einen sehr, sehr langen Zeitraum. Deshalb teilt man sie in mehrere Abschnitte ein. Die Altsteinzeit begann vor etwa 2,5 Millionen Jahren und sie endete etwa 9500 Jahre vor unserer Zeitrechnung. In dieser Zeit entwickelten sich aus den Urmenschen die sogenannten „modernen" Menschen. Sie lernten, Steine als Werkzeuge und Waffen einzusetzen und die Steine zu bearbeiten. Die Menschen lebten als Jäger und Sammler.

Architekt S. 30

Ein Architekt entwirft Bauwerke und berät Bauherren bei der Fertigstellung der Gebäude. Dazu muss er mit seinem Auftraggeber viele Fragen klären: Wie und von wem soll das Gebäude genutzt werden? Wie groß soll es werden und wie soll es aussehen? Wo wird es errichtet und wie teuer darf es werden? Der Architekt muss auch überlegen, welche Baustoffe verwendet werden und welche Arbeiten in welcher Reihenfolge ausgeführt werden müssen. Dann fertigt er einen Plan an.

Archäologe S. 54

Archäologen erforschen, wie Menschen in früheren Zeiten gelebt haben. Dazu untersuchen sie das, was diese Menschen hinterließen: Gebäude, Gräber, Werkzeuge, Waffen, Schmuck, Kunstwerke und auch Abfälle.
Oft finden die Archäologen Dinge bei Ausgrabungen im Boden. Ihre Funde werden genau beschrieben und manchmal werden zerbrochene Teile auch wieder zusammengesetzt.

Argument S. 14

Oft ist es sinnvoll, wenn man seine Meinung erläutert oder eine Aussage begründet.
Dies geschieht mit einem Argument.
Zum Beispiel: „Ich meine, wir sollten jetzt nach Hause gehen (Meinung), weil es schon dunkel wird (Argument)."

Bauplan S. 30

Der Bauplan (auch Bauzeichnung genannt) ist eine Zeichnung, in die eingetragen wird, wo bei einem Neubau oder Umbau Wände errichtet werden sollen. Stützen, Türen, Fenster und Treppen sind ebenfalls eingezeichnet. Dabei werden immer die genauen Maße angegeben und die Materialien, die verwendet werden sollen.

Beton S. 30

Beton entsteht durch das Vermischen von Kies oder Sand mit Zement und Wasser. Zunächst ist er zähflüssig. Nach einiger Zeit wird er aber hart und fest. Beton ist ein wichtiger Baustoff.

Brennstoff S. 58

In Brennstoffen ist Energie gespeichert, zum Beispiel in Holz, Benzin und Erdgas. Werden sie verbrannt, entstehen Wärme und Licht. Es gibt feste, flüssige und gasförmige Brennstoffe.

Bürgerbegehren/Bürgerentscheid S. 48

Manchmal treffen die Politiker in einem Ort eine Entscheidung, mit der sehr viele Bürger nicht einverstanden sind (zum Beispiel die Schließung eines Schwimmbads).
Die Bürger können sich dagegen wehren, indem sie viele Unterschriften sammeln.

Das ist das Bürgerbegehren. Sind genug Unterschriften zusammengekommen, können die Bürger einen Bürgerentscheid beantragen. Bei dem Bürgerentscheid stimmen sie direkt darüber ab, ob das Vorhaben der Politiker umgesetzt werden soll oder nicht. (Soll das Schwimmbad geschlossen werden: ja oder nein?)

Dienstleistung S. 94

In manchen Situationen benötigt man Hilfe: Die Haare müssen geschnitten werden, das Auto ist zu reparieren oder es soll eine Urlaubsreise in ein fremdes Land gebucht werden. Es gibt Menschen, die sich auf solche Aufgaben spezialisiert haben (Friseure, Automechaniker, Angestellte im Reisebüro). Sie nehmen uns diese Arbeiten ab. Man sagt: Sie erbringen eine Dienstleistung.

Dorfschule S. 11

Dorfschulen in Afrika können sehr unterschiedlich sein. Es gibt kleine Schulen, bei denen alle Kinder in eine einzige Klasse gehen. Andere Dorfschulen sind groß und gut ausgestattet. Gemeinsam ist den Dorfschulen, dass sie in abgelegenen Gegenden liegen. Die nächste Stadt ist oft weit entfernt und der Weg dorthin mühsam.

Essgewohnheiten S. 82

Manche Menschen lieben ein herzhaftes Frühstück mit Käse und Wurst, andere essen morgens lieber Marmelade auf dem Brot. Viele essen mittags warm, andere erst am Abend. All dies sind Essgewohnheiten und es gibt viele weitere. Einige können sich auf die Gesundheit auswirken. Wer zum Beispiel schnell isst, merkt oft nicht, dass er eigentlich schon satt ist, und isst dann mehr als nötig.

Europäische Union S. 109

„Union" bedeutet „Einheit" oder „Vereinigung". Die Europäische Union (EU) ist ein Zusammenschluss von vielen europäischen Staaten. Sie wurde 1993 gegründet, ihre Anfänge reichen aber weiter zurück. Durch die Vereinigung soll die Wirtschaft in den Ländern gefördert werden. Die Menschen sollen frei, sicher und in Frieden leben können. So gibt es zum Beispiel keine Grenzkontrollen und die EU-Bürger dürfen überall in den EU-Ländern arbeiten.

Fast-Food-Produkt S. 105

Der Begriff „Fast Food" kommt aus dem Englischen und bedeutet „schnelles Essen". Fast-Food-Produkte sind also Schnellgerichte wie Tiefkühlpizzas, Dosensuppen oder Hamburger.

Fehlernährung S. 82

Von einer Fehlernährung sprechen Fachleute, wenn wir zu viel essen (Überernährung), zu wenig essen (Unterernährung) oder die Zusammensetzung unserer Nahrung nicht die lebenswichtigen Bestandteile enthält (Mangelernährung). Kommt es längere Zeit zu einer Fehlernährung, wird unser Körper krank.

Flüchtlingsunterkunft S. 35

Oft müssen Menschen aus ihrer Heimat fliehen, weil es dort nicht sicher ist. Es herrscht zum Beispiel Krieg, die Menschen werden bedroht, ihre Wohnungen wurden zerstört. Viele dieser Menschen suchen in Deutschland Schutz. Die Geflüchteten werden dann zunächst in Flüchtlingsunterkünften untergebracht. Das können zum Beispiel leer stehende Hallen, Häuser oder Container zum Wohnen sein.

Fundament S. 30

Dort, wo ein Bauwerk errichtet werden soll, muss dafür gesorgt werden, dass der Untergrund das Gebäude auch trägt. Das Bauwerk darf sich später nicht mehr bewegen. Dafür sorgt ein Fundament. Es besteht zum Beispiel aus Steinen, Pfählen oder einer Platte. Heute wird dazu meist → Beton mit Stahl verwendet, da dieser sehr fest wird.

Gemeinschaftsraum S. 35

Ein Gemeinschaftsraum ist ein Raum, in dem alle Bewohner eines Hauses gemeinsam ihre Zeit verbringen können. Sie können sich in diesem Raum treffen, miteinander reden, spielen, fernsehen usw.

Gewohnheit S. 92

Wenn man eine Sache häufig oder immer wieder oder automatisch macht, dann ist es eine Gewohnheit.

Geschichtsfries S. 60

Mit einer Zeitleiste wird gezeigt, in welcher Reihenfolge und in welchen Jahren sich Ereignisse zugetragen haben. Wird eine solche Zeitleiste mit Fotos, Texten oder Gegenständen noch anschaulicher gemacht, so nennt man sie auch einen Geschichtsfries.

Giebel S. 31

Der Giebel befindet sich an der schmalen Seite eines Hauses. Es ist der obere Teil der Wand, die ans Dach stößt. Meistens ist der Giebel dreieckig.

Grundsicherung S. 95

Jeder Mensch hat Bedürfnisse, die unbedingt befriedigt werden müssen. Er benötigt zum Beispiel Lebensmittel, Kleidung und eine Wohnung. Solche Dinge kosten jedoch Geld. Wer nicht genug Geld zur Verfügung hat, weil er zum Beispiel alt, krank oder arbeitslos ist, bekommt eine Grundsicherung.
Damit kann er notwendige Dinge bezahlen.

Historische Quelle S. 24, 25

Geschichtsforscher bezeichnen alle Texte und Gegenstände, die ihnen etwas über die Vergangenheit mitteilen, als historische Quelle. Dies können alte Urkunden sein, Tagebücher, Filme, Kleidungsstücke, Münzen, Werkzeuge und vieles mehr. Aber auch Volksfeste, Sprachen und Lieder gehören dazu.

Jungsteinzeit S. 56

Die Jungsteinzeit umfasst den Zeitraum von etwa 5.500 bis 2.200 Jahre vor unserer Zeitrechnung. Mit ihr endet die Steinzeit. Die Menschen bauten immer öfter feste Häuser und begannen, Landwirtschaft zu betreiben. Sie bearbeiteten Holz, bohrten und schliffen Steine, knüpften Netze und stellten Töpferwaren her.

Knochen S. 64

Knochen geben dem Körper Halt und schützen die inneren Organe wie Lunge, Magen und Darm. Sie speichern auch wertvolle Stoffe.
Je nachdem, wo sie im Körper liegen und welche Aufgabe sie haben, sehen die Knochen sehr verschieden aus. Weil Knochen sich ständig umbauen, können auch gebrochene Knochen wieder zusammenwachsen.

Kohlenstoffdioxid S. 59, 62

Kohlenstoffdioxid (auch Kohlendioxid oder CO_2 genannt) ist ein Gas, das nicht brennbar ist. Es ist farblos, riecht nicht und ist schwerer als Luft. Es lässt sich gut in Wasser lösen.
Das kennen wir als Kohlensäure. Pflanzen nehmen Kohlenstoffdioxid aus der Luft auf und bilden daraus zusammen mit Wasser und mithilfe von Sonnenenergie Zucker.
Menschen und Tiere atmen Kohlenstoffdioxid durch ihre Lungen aus. Auch beim Verbrennen von Holz, Kohle, Erdgas, Erdöl und anderen Brennstoffen wird Kohlenstoffdioxid freigesetzt.

Kultur S. 22

Kultur ist das, was sich Menschen ausgedacht und gestaltet haben. Dazu gehören Sprache, Musik, Regeln und Gesetze, Technik, Kunstwerke und Kleidung und vieles andere.
Im Verlauf der Zeit haben die unterschiedlichen Gemeinschaften der Menschen auch unterschiedliche Kulturen hervorgebracht und entwickeln sie auch weiter.

Lapbook S. 50

In einem Lapbook werden Informationen gesammelt. Es ist eine Mappe, die sich mehrfach aufklappen lässt.
Die Klappen bieten Platz für Steckbriefe, Taschen mit Kärtchen, Bilder oder kleine Faltbücher, die darin eingeklebt werden.

Lebensmittel-Pyramide S. 81

Wir wollen uns gesund ernähren. Die Lebensmittel-Pyramide zeigt uns, wovon wir weniger oder mehr essen sollten, damit unser Körper gesund und fit bleibt. Oben an der Spitze der Pyramide stehen Lebensmittel, von denen wir täglich nur wenig essen sollten, unten im breiten Feld sind die Lebensmittel zu sehen, von denen wir sehr viel mehr essen und trinken können.

Lobrunde S. 6

Jeder Teilnehmer einer Versammlung (zum Beispiel Klassenrat) kann zum Anfang etwas mitteilen, dass ihm positiv, also angenehm aufgefallen ist. Was hat ein Mitschüler besonders gut gemacht? Was hat mir in letzter Zeit in der Klasse gefallen? Was war schön? Was hat funktioniert?
Dadurch wird eine gute Stimmung erzeugt. Anschließend lässt es sich leichter über Probleme sprechen.

Mobbing S. 6

Wenn jemand ständig von einem oder mehreren anderen belästigt und beschimpft wird, spricht man von Mobbing. Das Wort stammt aus dem Englischen und bedeutet eigentlich „belästigen". Meistens kann der Gemobbte das Mobbing nicht aus eigener Kraft beenden. Deshalb ist es wichtig, sich anderen anzuvertrauen und Hilfe zu suchen. Kinder sollten unbedingt mit den Eltern oder einer Lehrkraft sprechen, wenn sie gemobbt werden.

Nährstoffe S. 62, 110

Der Körper von Menschen und Tieren braucht Nährstoffe, damit er wachsen und funktionieren kann. Nährstoffe werden mit der Nahrung aufgenommen. Das Verarbeiten der Nährstoffe im Körper nennt man Stoffwechsel.
Zu den Nährstoffen gehören Kohlenhydrate (zum Beispiel Stärke und Zucker), Fette (zum Beispiel Fette in Fleisch und Wurst, Rapsöl), Eiweiße (zum Beispiel in Eiern, Milch, Getreide), Ballaststoffe, Vitamine, Mineralstoffe und Spurenelemente.
Pflanzen benötigen ganz andere Nährstoffe für ihre Lebensvorgänge, zum Beispiel → Kohlenstoffdioxid aus der Luft, den sie durch die Blätter aufnehmen. Sie nehmen mit ihren Wurzeln auch Nährstoffe aus dem Boden auf, zum Beispiel Stickstoff, Phosphor, Kalium. Dazu müssen die Nährstoffe in Wasser gelöst sein.

No-Name-Produkt S. 95

Manche Waren werden mit der Marke ihres Herstellers versehen: die Nudeln aus dem Haus „XYZ" oder die Jeans der Marke „ABC".
Um das deutlich zu machen, gibt es meistens ein eindeutiges und bekanntes Etikett. Bei einem No-Name-Produkt wird darauf verzichtet, es ist ein „namenloses Produkt". Auf der Verpackung steht dann einfach „Bandnudeln".
Da meist auf Werbung verzichtet wird und die Verpackungen einfacher sind, haben No-Name-Produkte einen günstigeren Preis.

Obstplantagen S. 100

Eine Obstplantage ist eine große landwirtschaftliche Fläche, auf der sehr viele Pflanzen nur einer Art oder Sorte angebaut werden. Die Betriebe haben sich spezialisiert.
In Deutschland gibt es Obstplantagen, die Äpfel, Süßkirschen, Pflaumen und Birnen erzeugen. Bekannt sind auch die großen Bananenplantagen in Süd- und Mittelamerika.

Öffentliche Einrichtungen S. 42

Zu den öffentlichen Einrichtungen gehören zum Beispiel Bibliotheken, Museen, Theater, Sportplätze oder Schwimmbäder.
Grundsätzlich dürfen alle Einwohner die öffentlichen Einrichtungen nutzen.

Öffentliche Verkehrsmittel S. 43

Öffentliche Verkehrsmittel können von allen genutzt werden. Mit ihnen werden Personen und Güter transportiert. Beispiele für öffentliche Verkehrsmittel sind Busse, Taxis, Bahnen und Fähren.

Organ S. 63

Ein Organ ist ein Körperteil mit einer bestimmten Aufgabe. Menschliche Organe sind zum Beispiel die Augen. Sie gehören zu den Sinnesorganen und werden zum Sehen benötigt.
Der Magen ist ein Verdauungsorgan, die Lunge ein Atmungsorgan und so weiter.
Auch Tiere und Pflanzen haben Organe.

Podiumsdiskussion S. 52

Eine Podiumsdiskussion ist eine Gesprächsveranstaltung. Dazu kommen Fachleute und Politiker zusammen, um vor einem Publikum über ein Thema zu sprechen und zu diskutieren. Damit die Zuschauer der Diskussion folgen können, sitzen die Gesprächsteilnehmer erhöht, zum Beispiel auf einer Plattform (Podium) oder Bühne. Ein Moderator achtet auf die Redezeiten. Er fasst Aussagen zusammen und stellt weitere Fragen. Meistens dürfen auch die Zuschauer Fragen stellen.

Protokoll S. 7

In einem Protokoll wird aufgeschrieben, was gesagt und beschlossen wurde, zum Beispiel im Klassenrat. Dazu wird vorher festgelegt, wer das Protokoll schreibt.

Punktschrift (Brailles) S. 73

Louis Braille lebte in Frankreich und war seit seiner Kindheit blind. Er dachte sich eine Schrift für Blinde aus: Die Buchstaben des Alphabets werden durch Punktmuster dargestellt.
Die Muster werden in das Papier gedrückt.
Blinde können das Muster mit den Fingern ertasten.

Qualität S. 92

Wenn ein Produkt gute Eigenschaften hat, dann ist es von guter (oder hoher) Qualität. Es hält zum Beispiel lange oder schmeckt sehr gut oder lässt sich gut verwenden.

Regeln S. 21

Eine Regel ist eine Richtlinie, an die man sich halten sollte oder an die man sich halten muss. Wir haben Regeln, um friedlich miteinander leben zu können, um Ordnung zu halten oder um Gefahren zu vermeiden. Es gibt unterschiedliche Regeln, zum Beispiel Spielregeln, Verkehrsregeln oder Klassenregeln.

Religion S. 22

Wie entstanden die Erde und das Weltall? Gibt es eine höhere Macht, die uns lenkt? Wie sollen Menschen sich untereinander verhalten? Gibt es ein Leben nach dem Tod? Mit solchen Fragen haben sich Menschen immer schon beschäftigt. Und sehr viele Menschen glauben an übersinnliche oder übernatürliche Kräfte. Dieser Glaube ist ihre Religion. Es gibt viele verschiedene Religionen, die größten sind die fünf Weltreligionen: Buddhismus, Christentum, Hinduismus, Islam und Judentum.

Richtfest S. 31

Wenn der Rohbau eines Hauses steht und der Dachstuhl errichtet wurde, wird das Richtfest gefeiert. Dazu wird das Dach mit einem Kranz oder Bäumchen geschmückt und der Zimmermeister hält von oben eine Rede, den Richtspruch. Darin dankt er dem → Architekten, dem Bauherrn und den Handwerkern und wünscht Segen und Glück für das Haus. Er trinkt auf das Wohl des Hauses und wirft von oben das Glas herab. Jetzt muss der Bauherr noch den letzten Nagel einschlagen. Oft kommen Gäste, um mitzufeiern und sich das neue Haus anzuschauen.

Rohstoff S. 97

Rohstoffe kommen aus der Natur. Sie sind noch nicht bearbeitet und werden vom Menschen genutzt. Aus der unbelebten Natur kommen Bodenschätze wie Erdöl oder Eisenerz. Aus der belebten Natur kommen zum Beispiel Fische, Holz und Erzeugnisse aus der Landwirtschaft wie Kartoffeln, Zuckerrüben oder Obst. Rohstoffe werden direkt verwendet oder müssen zunächst bearbeitet werden.
Aus Eisenerz wird zum Beispiel Stahl hergestellt. Viele Rohstoffe gibt es nicht unbegrenzt. Irgendwann werden ihre Vorräte zu Ende gehen.

Sauerstoff S. 58

Sauerstoff ist ein Gas und kommt in der Luft vor. Er riecht nicht, ist farblos und hat keinen Geschmack. Brennmaterial kann nur verbrennen, wenn Sauerstoff vorhanden ist.
Dann verbindet sich der Sauerstoff mit dem Brennmaterial auf besondere Weise.
Dabei wird Energie als Wärme und Licht frei.
Bei Holz als Brennmaterial bleibt Asche zurück.
Es wird auch → Kohlenstoffdioxid und Wasser gebildet, was man aber nicht sieht.

Senioren S. 35

Senioren sind ältere Menschen, zum Beispiel Menschen im Ruhestand, die nicht mehr arbeiten. Es gibt aber noch andere Bedeutungen. Wenn im Sport von einer Seniorenmannschaft gesprochen wird, so ist damit gemeint, dass die Sportler keine Jugendlichen mehr sind.

Singles S. 35

Ein Single ist eine alleinstehende Person. Sie ist also nicht verheiratet und hat auch keinen Partner.

Sinnesorgane S. 70, 76

Ein → Organ ist ein Körperteil mit einer bestimmten Aufgabe. Die Sinnesorgane haben die Aufgabe, Informationen (Reize) aus der Umwelt zu empfangen. Die Reize werden an das Gehirn weitergeleitet. Es meldet zurück, was wir sehen, hören, riechen, ertasten und schmecken.

Sinnestäuschung S. 71

Manchmal täuschen uns unsere Sinne. So sehen wir zum Beispiel Muster und Farben an Stellen, wo sie gar nicht sind. Der Grund ist ein Missverständnis zwischen → Sinnesorgan und Gehirn. Das Sinnesorgan meldet Informationen, die unser Gehirn falsch deutet.

Sprichwort S. 26

Ein Sprichwort ist ein kurzer Satz, der eine Lebensregel oder eine Weisheit benennt: „Was ich nicht weiß, macht mich nicht heiß." „Morgen, morgen nur nicht heute, sagen alle faulen Leute."

Symptome S. 84

Ein Symptom ist ein Anzeichen für eine Krankheit. Meist gibt es mehrere solcher Anzeichen. Masern haben zum Beispiel diese Symptome: fleckiger, roter Hautausschlag, hohes Fieber, Husten und Schnupfen, gerötete und geschwollene Augen.

Tradition S. 22

Zur Einschulung gibt es eine Schultüte, zu Silvester werden Knaller gezündet, Ostern Eier gefärbt und zum Geburtstag darf man sich etwas wünschen ... Dies sind Beispiele für Traditionen. Man kann also sagen, eine Tradition ist ein Brauch oder eine → Gewohnheit.

Trainerlizenz S. 47

Wer als Trainer oder Übungsleiter in einem Sportverein tätig ist, muss sehr viel über den Sport und die Sportler wissen. Dazu gibt es eine Ausbildung und später viele Fortbildungen. Die Trainerlizenz (der Trainerschein) ist eine Bestätigung, dass der Trainer diese Ausbildung mit Erfolg abgeschlossen hat. In vielen Vereinen darf ein Trainer ohne diese Lizenz nicht arbeiten.

Triathlon S. 47

Beim Triathlon werden drei Sportarten nacheinander bestritten: Schwimmen, Radfahren und Laufen. Das geschieht ohne Pause, sogar beim Umziehen läuft die Zeit weiter. Die Länge der Strecken ist unterschiedlich.

UNICEF S. 9

UNICEF ist das „Kinderhilfswerk der Vereinten Nationen" (auf Englisch „United Nations Children's Emergency Fund"). Es hilft Kindern auf der ganzen Welt, wenn sie in Not sind, und unterstützt auch deren Eltern. In den armen Ländern gibt es zum Beispiel oft nicht genug Lebensmittel und Medikamente. Außerdem baut UNICEF Krankenstationen und Schulen, bildet Lehrer aus und beschafft Bücher, Hefte und Stifte. Das Kinderhilfswerk kümmert sich um Flüchtlingskinder und gibt Kindern, die als Soldaten kämpfen mussten, ein sicheres Zuhause.

Verwaltungsangestellter S. 47

Verwaltungsangestellte arbeiten zum Beispiel in einer Stadt- oder Gemeindeverwaltung. Aber auch in Ministerien, Landesämtern oder Bundesbehörden sind sie tätig.

Warengruppe S. 90

Waren, die ähnlich sind, werden als Warengruppen bezeichnet, zum Beispiel Süßwaren oder Getränke.

Wasserwaage S. 30

Eine Wasserwaage ist ein Werkzeug, mit dem man feststellen kann, ob etwas genau waagerecht ist. Man kann sie zum Beispiel beim Aufstellen von Möbeln oder beim Mauern verwenden. Jede Wasserwaage hat eine „Libelle" (oft sind es zwei). Das ist ein durchsichtiges Röhrchen, das mit Wasser gefüllt ist. Darin befindet sich eine Luftblase. Luft steigt im Wasser immer nach oben. Deshalb wandert die Blase auf die Seite der Libelle, die höher liegt. Befindet sich die Blase genau in der Mitte, so liegt die Wasserwaage waagerecht.

Werksfeuerwehr S. 45

Einige große Unternehmen haben eine eigene Werksfeuerwehr, die dort für die Brandbekämpfung zuständig ist. Die Werksfeuerwehr ist besonders ausgestattet und besonders ausgebildet. Je nachdem, welche Gefahren und Anforderungen bestehen. Eine Flughafenfeuerwehr muss zum Beispiel brennende Flugzeuge löschen können und bei einer Chemiefabrik müssen sich die Feuerwehrleute besonders gut mit den verschiedenen Chemikalien auskennen.

Text- und Bildquellen

29 James Krüss: Wie wohnen die Kinder der Erde? In: Alle Kinder dieser Erde. Lentz Verlag, München 1979.
71 Paul Maar: Hier stimmt was nicht! In: JAguar und NEINguar. Verlag Friedrich Oetinger, Hamburg 2007.

5 Peter Wirtz, Dormagen; **8** mauritius images © Egill Bjarnason/Alamy Stock Photo, **8** © UNO ;9 Mi. ddp images/ddp images; **9 li.** imago stock&people; **9 re.** imago stock&people; **9 un.** © Deutsches Komitee für UNICEF, Köln; **11 un. li.** Shutterstock/Monkey Business Images; **11 Mi. li.** imago stock&people; **11 Mi. re.** Shutterstock/Travel Stock; **12 ob. li.** ddp images; **Auftakt 13** Fotolia/carballo; **16 un.** fragFINN e.V., Berlin; **17 komplett** Internet-ABC e.V., Landesanstalt für Medien NRW, Düsseldorf; **Auftakt 19** Peter Wirtz, Dormagen; **22 un. re.** action press/Dong Naide/Xinhua News Agency; **22 ob. li.** Fotolia/pololia; **22 ob. re.** Fotolia/contrast-werkstatt; **22 un. li.** Shutterstock/AJP; **23 un. li.** imago/Xinhua; **23 ob. re.** Shutterstock/CroMary; **23 un. re.** Shutterstock/Noam Armonn; **23 ob. li.** Shutterstock/Zurijeta; **24 Mi.** Fotolia/Udo Kruse; **25** Cornelsen/Uta Bettzieche; **25 ob. Reihe (1)** Shutterstock/Alex Gukalov; **25 ob. Reihe (2)** Evgeniya Uvarova; **25 ob. Reihe (3)** imago/Arkivi; **25 Mi. Reihe (1)** Shutterstock/cosma; **25 Mi. Reihe (2)** Franziska Becker, Berlin; **25 Mi. Reihe (3)** Colourbox; **25 un. Reihe (1)** Fotolia© Eleonore Horiot; **25 un. Reihe (2)** Copyright: Andreas Gaertner; **25 un. Reihe (3)** Fotolia/zaikina; **Auftakt 27** Fotolia/(c) anilah; **29 ob.** Peter Wirtz, Dormagen; **30 ob. re.** Fotolia/© by Dariusz T. Oczkowicz, ars digital media services; **32 (1)** Fotolia/(c) Arpad Nagy-Bagoly; **32 (2)** Fotolia/Andrey Popov; **32 (3)** Fotolia/(c) bigshotd3; **33 (1)** Fotolia/Kalinovsky Dmitry; **33 (2)** Fotolia/Michael Jäger, Düsseldorf 2016 – mitifoto; **33 (3)** Fotolia/(c) Kzenon ; **34 Mi.** Fotolia/(c) JSB31 ; **34 un.** Fotolia/(c) Petair ; **34 ob.** imago/Manngold; **35 un.** imago sportfotodienst; **35 ob.** imago/Schöning; **35 Mi.** imago/Becker&Bredel; **38 ob.** imago stock&people; **38 un.** All Mauritius Images/© Arcaid Images/Alamy Stock Photo; **Auftakt 39** action press/action press; **40 Mi.** Inge Koch, Neubrandenburg; **44 ob. (1)** Fotolia/franzdell; **44 ob. (2)** Fotolia/Benjamin Nolte; **44 Mi. un.** Stefan Wagner, Berlin; **45 un. li.** Caro/Schulz; **45 ob. re. (1)** Fotolia/(c) Superingo; **45 ob. re. (2)** Fotolia/(c) thomasknospe; **47 ob. re.** Silvia Ehrich; **47 ob. re.** Silvia Ehrich; **52 un. (1)** Silvia Ehrich; **52 un. (2)** Silvia Ehrich; **52 un. (3)** Silvia Ehrich; **Auftakt 53** akg-images; **56 un. li.** bpk/Museum für Vor- und Frühgeschichte, SMB/Jürgen Liepe; **56 ob. re. (1)** Lippisches Landesmuseum Detmold, Detmold; **56 ob. re. (2)** imago/imagebroker/schauhuber; **56 ob. re. (3)** bpk|RMN – Grand Palais|Jean Schormans; **57 ob.** bpk/Museum für Vor- und Frühgeschichte, SMB/Jürgen Liepe; **57 un. li.** Hans Joachim Behnke/Archäotechnisches Zentrum Welzow e.V., Welzow; **58 un. re.** Shutterstock/Lev Kropotov; **58 un.** Mi. Colourbox; **58 un. li.** Shutterstock/silvae; **60 Mi.** Süddeustche Zeitung/oldtime/Timeline Images; **60 un. re.** Fotolia/Simone Andresst; **Auftakt 61** Peter Wirtz, Dormagen; **68 (1)** Shutterstock/Tushchakorn; **68 (3)** Shutterstock/Kassaraporn; **68 (2)** 360° Creative/ddp images; **Auftakt 69** Cornelsen/Daniel Meyer, Berlin; **71 Mi. re.** Shutterstock/Joop Hoek; **72 ob.** Shutterstock/Peter Kotoff; **72 (1)** Shutterstock/ILYA AKINSHIN; **72 (2)** Shutterstock/Curly Pat; **72 (3)** Shutterstock/indigolotos; **72 (4)** Shutterstock/ULKASTUDIO; **72 (5)** Shutterstock/Paul Matthew Photography; **72 (6)** Shutterstock/Vichy Deal; **72 (7)** Shutterstock/Ivonne Wierink; **72 re.** picture alliance/CPA Media Co.; **73 Mi. li.** Your_Photo_Today; **73 ob. li.** bpk/adoc-photos; **73 Mi. re.** doc-stock; **74 ob. li.** picture-alliance/ZB; **Auftakt 79** Cornelsen/Daniel Meyer, Berlin; **86** Cornelsen/Peter Wirtz, Dormagen; **86** Inge Koch; **Auftakt 87** Cornelsen/Daniel Meyer, Berlin; **90 komplett** Cornelsen/Daniel Meyer, Berlin; **91 komplett** Cornelsen/Daniel Meyer, Berlin; **92 ob.** Cornelsen/Daniel Meyer, Berlin; **92 un.** Cornelsen/Daniel Meyer, Berlin; **94** Cornelsen/Peter Wirtz, Dormagen; **96 Mi. re.** Daniel Meyer, Berlin; **98** Ulrike Blumensath; **Auftakt 99** (c) pro agro – Verband zur Förderung des ländlichen Raumes in der Region Brandenburg-Berlin e.V., Schönwalde-Glien; **100 ob. (1)** Shutterstock/Zadorozhna Natalia; **100 ob. (2)** Shutterstock/Drozdowski; **100 ob. (3)** Shutterstock/5PH; **100 ob. (4)** Shutterstock/nelea33; **100 un. (1)** Shutterstock/Simic Vojislav; **100 un. (2)** Shutterstock/Oleksandrum; **100 un. (3)** Shutterstock/Alessio Cola; **100 un. (4)** Shutterstock /Paul Koomen; **101 ob. li.** Shutterstock/Vaclav Volrab; **102 (1)** Shutterstock/Lotus Images; **102 (2)** Shutterstock/Viktar Malyshchyts; **102 (3)** Shutterstock/Egor Rodynchenko; **102 (4)** Shutterstock/Evikka; **102 (5)** Shutterstock/Nik Merkulov; **102 (6)** Shutterstock/Nattika; **102 (7)** Shutterstock/Nattika; **102 (8)** Shutterstock/Anna Kucherova; **102 (9)** Shutterstock/Angorius; **102 (10)** Shutterstock/Palokha Tetiana; **102 (11)** Shutterstock/Timmary; **102 (12)** Shutterstock/Tim UR; **102 (13)** Shutterstock/Olga Danylenko; **102 (14)** Shutterstock/Maks Narodenko; **102 (15)** Shutterstock/Eivaisla; **102 (16)** Shutterstock/topseller; **102 (17)** Shutterstock/optimarc; **102 (18)** Shutterstock/Maceofoto; **102 (19)** Shutterstock/Binh Thanh Bui; **102 (20)** Shutterstock/SiberianLena; **102 (21)** Shutterstock/cristi180884; **102 (22)** Fotolia/(c) dima_pics ; **104 komplett** Christiane Schleifenbaum; **105 (1)** Shutterstock/Adrian Luca; **105 (2)** ddp images/Picture Press; **105 (3)** Shutterstock/Smit re. ; **108 (1)** Shutterstock/non15; **108 (2)** Shutterstock/thieury; **108 (3)** Biosphoto/juniors@wildlife; **109** Franziska Becker, Berlin; **110 (1)** Fotolia/www.countrypixel.de; **110 (2)** Fotolia/Fotolyse 14033706; **110 (5)** Shutterstock/Roman Babakin; **110 (6)** Shutterstock /279photo Studio; **110 (7)** Shutterstock/gmlykin; **111 (10)** Fotolia/Victoria Kondysenko; **111 (3)** Fotolia/toa555 64224019; **111 (4)** imago stock&people; **111 (8)** Fotolia/©FreeProd; **111 (9)** Fotolia/ Tyler Olson; **111** imago stock&people; **112** Stefan Wagner.

Für Lehrkräfte: Übersicht zur Rahmenlehrplanpassung und Farberläuterung

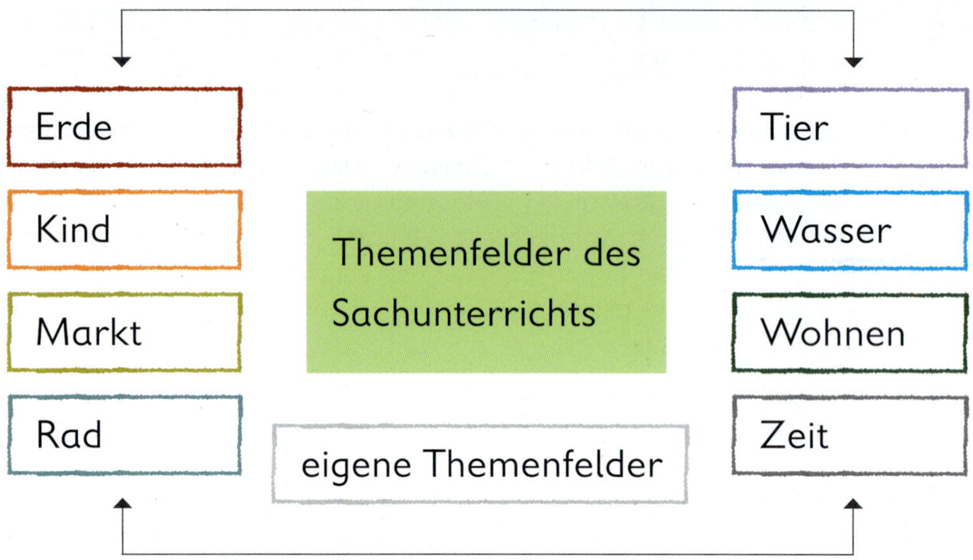

Themenfeld	Themen	Seiten im Schülerbuch
Kind	Wie leben Kinder? (Kinder als Teil der Familie und als Individuum)	11, 19–26, *(29, 34–35 Wohnen)*
	Wie funktioniert unser Körper?	61–68, 69–78, *(79–86 Markt)*
	Was ist für unser Zusammenleben wichtig? (Beziehungen leben und gestalten)	5–7, 12, *(36–37, 48–52 Wohnen)*
	Welche Rechte haben Kinder? (Kinder als Teil der Gesellschaft)	5–12, *(48–49, 52 Wohnen)*
	Womit kennen wir uns aus?	5, 13–18, *(32–33, 39–43, 50–51 Wohnen)*
	Wie lebten Kinder früher? (fakultativ)	24–26
Übergreifende Themen	Bildung zur Akzeptanz von Vielfalt (Diversity), Demokratiebildung, Gesundheitsförderung, Gewaltprävention, Interkulturelle Bildung und Erziehung	
Wohnen	Wie und wo wohnen und leben wir?	27–29, 34–37
	Wie wohnten Menschen früher?	53–60
	Wie baut man ein Haus?	27–28, 30–33, 38
	Wie wohnen andere Menschen bei uns und Menschen anderswo? (Vielfalt)	27, 29, 34–35
	Wer lebt hier wie? Wovon leben die Menschen? (Gesellschaft, Wirtschaft und Politik)	28–37, 39–45, 48–49, *(87–95, 99–100, 105, 109–111 Markt)*
	Was kann man hier unternehmen? (Sport, Freizeit, Kultur und Engagement)	39, 44–47, 50–51